Abraham Gotthelf Kästner

Übersicht der Fortschritte verschiedener Teile der geographischen Wissenschaften

seit dem letzten Drittheile des jetzigen Jahrhunderts bis 1790

Abraham Gotthelf Kästner

Übersicht der Fortschritte verschiedener Teile der geographischen Wissenschaften
seit dem letzten Drittheile des jetzigen Jahrhunderts bis 1790

ISBN/EAN: 9783743685529

Hergestellt in Europa, USA, Kanada, Australien, Japan

Cover: Foto ©ninafisch / pixelio.de

Weitere Bücher finden Sie auf **www.hansebooks.com**

Uebersicht der Fortschritte verschiedener Theile der geographischen Wissenschaften

seit dem letzten Drittheile des jetzigen Jahrhunderts bis 1790.

Von

A. G. Kästner,
P. J. Bruns
und
E. A. W. Zimmermann.

Braunschweig, 1795.

Vorrede.

Sicher giebt es noch mehrere Liebhaber der Erdkunde, von denen meine geographischen Annalen ungelesen blieben. Sobald es aber auf der andern Seite gewiß ist, daß die Wissenschaften alle mit einander genau verschwistert sind, dann finden sich unstreitig noch eine Menge anderer Leser, welchen diese Aufzählung der Fortschritte einiger Theile der Geographie nicht gleichgültig seyn kann. Dieß darf ich um desto eher behaupten, da mehrere der hier gelieferten Stücke nicht von mir, sondern von Männern herrühren, die, jeder in seinem Fache, anerkannt große Verdienste haben.

Hiedurch bin ich aller weitern Nachfrage nach der Ursache der Herausgabe dieser Blätter überhoben. Der Besitzer der geographischen Annalen bedarf ihrer nicht, und eben deßhalb sind der Abdrücke dieser Bogen nicht sehr viele veranstaltet.

Da

Da ich mich wegen des großen Verlustes ge-
nöthiget gesehen habe, die Annalen selbst aufhören
zu lassen, so ist auch die weitere Fortsetzung dieser
Ueberſicht des Wachsthums der geographiſchen Wiſſenſchaften bis dahin unterblieben. Indeß gebe ich
es noch nicht gänzlich auf, wenigstens die Fortschritte der übrigen Theile der physikaliſchen Geographie, ſeit dem letzten Theile dieſes Jahrhunderts
auf ähnliche Weiſe auseinanderzuſetzen, und hiezu
wird mich die Aufnahme dieſer Bogen mehr oder
minder beſtimmen.

Braunschweig, im April 1795.

E. A. W. Zimmermann.

Kurze Uebersicht
des Wachsthums
der
geographischen und statistischen
Wissenschaften
seit
dem letzten Drittel des jetzigen Jahrhunderts.

Einleitung.

Die politische Lage von Europa stand von jeher in der engsten Verbindung mit den Wissenschaften. Krieg war stets ihr Verderben, und nur unter dem Frieden blüheten sie auf. Je heftiger, je dauernder der erste die Staaten erschütterte, desto länger standen die Kenntnisse stille. Wurden aber Nationen, unweit des Zenits ihrer Aufklärung, von einem sie nicht ganz zu Grunde richtenden Krieg überfallen, so muste die darauf folgende Ruhe den Gang zur höheren Cultur nur desto stärker beschleunigen. Dies war die Lage von Europa vor dem siebenjährigen Krieg. Er brach ein, und die Wissenschaften lagen unterdrückt, die hohen Schulen wurden unsicher, die Akademien schwiegen. Nur sparsam blickten unter den vom Kriege entfernten Nationen einzelne Talente hervor, denn auch diese horchten mehr auf das Geräusch der Waffen, als auf die sanfte wohlthätige Stimme der Muse.

So fürchterlich indeß dieser Krieg auch war, so führte er dennoch zufällig heilsame Nebenwirkungen mit sich. Die streitenden Heere, von ihrem Vaterlande entfernt, mischten sich mit ihren Feinden, mit fremden Nationen. Frankreich lernte Deutschland näher kennen, der Deutsche England, und umgekehrt. Jede dieser Nationen theilte sich eine der andern mit, sie fanden sich untereinander nicht so uncultiviret, als sie es vormals glaubten, sie benutzten eine der andern Sprache, der andern Kenntnisse und lernten sich dadurch einander mehr schätzen. Endlich kam der lange gewünschte Friede. Die Hauptkämpfer traten ermattet von der Bühne, und nur die mählige Ruhe ließ sie die Größe ihres Verlusts, den Grad ihrer Schwäche fühlen. Sieger und Besiegte sahen mit Schrecken die Abnahme der Volksmenge, die Zerrüttung der Finanzen, das Darniederliegen des Ackerbaues und der Fabriken, die Verminderung des Handels, kurz, die gänzliche Erschöpfung ihrer Kräfte. Jeder sah sich nach Hülfe um, aber so verschieden die Natur der Staaten selbst war, eben so verschieden mußte auch die Wahl der Mittel zum Wiederaufhelfen ausfallen. Die großen Seestaaten richteten ihr Augenmerk vorzüglich auf das Emporhelfen des Handels und der Schiffahrt; diejenigen Reiche hingegen, denen die Natur das Meer versagt hatte, gaben auf alles Acht, was ihren gesunkenen Ackerbau, ihre verödeten Holzungen, ihre verfallnen Fabriken und Minen wieder herstellen und verbessern konnte. Allen war ein Hauptzweck Zunahme an Menschen, Zunahme an Reichthum.

Bis dahin hatte nur die Kriegswissenschaft ihre Talente entwickelt, jetzt sahe man sich genöthigt, zu den ruhigern, tieferen Kenntnissen seine Zuflucht zu nehmen. Meßkunst, Geographie, Physic, Chymie, Staatsverwaltung, Oekonomie wurden miteinander der Societät zu Hülfe gerufen. Nie war eine so große Menge wichtiger Preisfragen unter allen Nationen aufgegeben, nie waren die Talente durch Ehre und Gewinn überall so angespornt.

Man

Man sollte die Theorie des Mondes berichtigen, die Seeuhren vollkommner machen und durch beide die Länge finden; die Erde und ihre Theile genauer abmessen, unveränderliche Normalmaaße angeben; die Figur des bequemsten und schnellsten Schiffes vorzeichnen; die Theorie des Magneten ausfindig machen; die Durchfahrt in den nördlichsten Meeren entdecken; sich dem unbesuchten Südpol nähern; die Länder des stillen Meeres aufsuchen; das Meerwasser trinkbar machen; die Strömungen der Winde und des Meeres genauer kennen lehren, den Handel durch kürzere und bequemere Wege beschleunigen, und durch kühn angelegte Canäle erleichtern.

Die Ansteckung in den Hospitälern, eben wie der Scorbut auf den Schiffen, rafften viele tausend Menschen hinweg, und die durch Zufall im Wasser Verunglückten starben am Ersticken. Es wurden daher Preise gesetzt auf die Untersuchung und Verbesserung der Güte der Luft, auf die genauere Bestimmung der Atmosphäre, auf die Entdekkung mehrerer antiscorbutischen Mittel und auf Methoden die Erstickten aller Art wieder zu beleben. Der Physiker sollte neue Pflanzen für Handel und Heilkunde in unbekannten Weltgegenden aufsuchen und bekannte ausländische einheimisch machen, er sollte die Feinde der Landfrüchte und der Forsten kennen und vernichten lehren; er sollte die Meteore bekämpfen. Durch die Chymie unterstützt, sollte er den innern Werth des Erdreichs näher bestimmen, die Gebirge untersuchen, neue Mineralen hervorziehen, und die bekannten besser benutzen.

Ueberschwemmungen und Feuer verheeren die Länder, Mißwachs und Viehsterben zerstören die Hoffnung des Landmanns, Krankheiten tödten die erwerbenden Kräfte der Familien. Der Calcul des Wahrscheinlichen, der einzige vernünftige Prophet, sollte diesen Unglücksfällen Schranken setzen. Durch Verbesserung, neuere Anwendung der Assecuranzen sollte er vor dem Verluste der Güter und der Häuser schützen, durch genau berechnete Witwencassen, den Menschen jenseits des Grabes wirksam machen, den Schmerz der Witwen und Waisen vermindern.

Endlich waren Belohnungen nöthig, die Industrie aller Art aufzumuntern, neue Anordnungen, dem Aberglauben zu steuren und schädliche Gewohnheiten auszurotten, neue Gesetze, die Policey auf die Erhaltung des dürftigen betagten Menschen und auf die Benutzung seiner übrig gebliebenen geringen Kräfte aufmerksamer zu machen.

Diese wenigen Züge legen mehrere der hauptsächlichsten Wohlthaten, welche man den geographisch-statistischen Wissenschaften und ihren ernsthafteren Verwandten, der Physic und Meßkunde, seit dem angegebenen Zeitpuncte abforderte, vor Augen. Ohne einmal auf die große Reihe der daraus herstammenden Nebenkenntnisse Rücksicht zu nehmen, sind sie so wichtig, daß von ihnen das Wohl der Societät abhängt; daß daher die Vernachläßigung jener Wissenschaften das Verderben des allgemeinen Besten nach sich ziehen würde.

Sollte aber den angezeigten Forderungen einigermaßen Genüge geleistet werden, so müsten die dazuführenden Wissenschaften ausserordentliche Fortschritte thun. Diese kürzlich übersehen, zeigt uns die Entwicklung der menschlichen Größe, das Wachsthum der Cultur, es macht uns aber auch darneben diese Wissenschaften bey jedem ihrer Schritte als dauernde Wohlthäter des menschlichen Geschlechts verehrungswürdig, heilig.

Nicht minder wird gewiß jeder Richtigdenkende die Gesellschaften derjenigen großen Männer ehren, welche entweder selbst diese Vortheile zu bewirken strebten, oder durch weise Aufforderungen und Anfragen zu ihrem Entstehen Anlaß gaben. Und wer verkennt hier die Akademien? denn wo geschah irgend etwas von Wichtigkeit in allen den

vorhin

vorhin angezeigten Bedürfnissen ohne ihre Hülfe, ohne ihren Zuruf? Es scheint daher kaum glaublich, daß man es in unserm Jahrhunderte wagen könnte, diese verehrungswürdigen Anstalten zu verachten, oder gar zu schmähen. Und dennoch geschieht es jetzt von einem Manne, der noch sogar sich dabey das Ansehen giebt, hiedurch einem ganzen Staate nützlich werden zu wollen. Seine Schrift selbst, worin alle Akademien nicht bloß für unnütz, sondern sogar für schädlich erklärt werden, zeige ich nur in der Anmerkung an *), auch erwähnte ich ihrer gar nicht, hätte ich nicht mit Bewunderung bemerkt, daß sie vermögend gewesen sey, hin und wieder Aufmerksamkeit zu erregen.

*) Man findet dieß Blatt in dem Braunschweigischen Journal, vom Jänner 1790, unter dem Titel: Suppression de toutes les Academies du Royaume (de France nemlich) comme onereuses à l'Etat et nuisibles aux sciences, à la litterature et aux arts.

Der Verfasser ärgert sich über die hohen Gehalte der Französischen Akademiker. Un Academicien mange dans son fauteuil de velour, et à lui seul la nourriture de quarante menages de campagne. Dieß ist gut genug gesagt, schade daß es nicht wahr ist. Der Mann weiß wol nicht, oder will nicht wissen, daß alle Akademien jährlich nur 100 bis 154 tausend Liver, also zwischen 38 bis 25 tausend Thaler kosten (m. s. Collect. d. compt. rend. Paris 1788. S. 8. und S. 190.); daß 2000 Liver eine bedeutende, 3000 Liver (etwa 800 Thaler) eine hohe Pension für ein wirkliches Mitglied der Pariser Akademie der Wissenschaften sey; daß die jüngeren Classen, die uns doch so vortrefliche Abhandlungen liefern, oft nur 1000 Liver haben, daß, um diesen Männern zu ein paar tausend Thalern zu verhelfen, man ihnen oft vier bis fünf Nebenämter aufbürden müsse; daß die Mitglieder der Academie françoise größtentheils für Ehre arbeiten, denn ihre eigentliche Einnahme erhalten sie durch die Jettons, (eine Art Denkpfennige von etwa 11 bis 12 Sgr.) Wo sind denn nun seine reichen fetten Chanoines des sciences, wie er die Akademiker nennt? Es giebt allerdings seltene Ausnahmen, da man außerordentliche Männer, des Auslandes durch beträchtliche Pensionen bey sich zu halten sucht: so hat der größte Analyst unserer Zeit, bloß als Akademiker, eine Pension von beynahe 2000 Thalern; allein Neuton gab man die Direction der Münze, um ihm zu einer zehnmal so hohen Pension zu verhelfen.

Es wäre indeß unverzeihlich gegen meine Leser, wenn ich mich in eine umständliche Widerlegung eines solchen Blattes einlassen wollte. Man erlaube mir daher hier nur einiges über die Akademien überhaupt beyzubringen.

Die

Es ist überhaupt lächerlich, zu verlangen, daß Wissenschaften und Genie blos allein mit Ehre bezahlt werden sollen, wie dies der Verfasser behauptet. Nahrungssorgen benehmen allen Muth zu anstrengenden Kopfarbeiten, von denen man noch nicht einmal sicher ist, ob sie, wenigstens für den ersten Augenblick, Unterhalt verschaffen; nicht zu gedenken, daß bey mehrern Wissenschaften, Bibliotheken, theure Versuche und Instrumente nöthig sind. Ist Frankreich einmal so weit gekommen, daß alle Talente dort reich oder doch wohlhabend genug sind, um ganz ohne Besoldung für die Wissenschaften arbeiten zu können, so wünscht gewiß jeder Rechtschaffene diesem Lande mit Freuden Glück, bis dahin aber dem minder begüterten wissenschaftlichen Manne seinen Sold entziehen wollen, wäre einmal nicht nur ungerecht, sondern es hieße fast größtentheils alle gründlichen Kenntnisse zum Lande hinausjagen, um sich wieder in den freien, glücklichen, thierischen Zustand der Neuholländer zu versetzen, der nun freilich für Köpfe, die von Zügellosigkeit trunken sind, passen mag, nicht aber für cultivirte Societät, in der wir Europäer doch nun größtentheils sind und bleiben werden.

Les Sottises, heißt es weiter, de la trop longue vieillesse de Louis XIV. nous les devons aux basses adulations des Academies. Die Schmeicheleien nahmen gewiß nicht erst bey Ludewig dem XIV. im Alter überhand, er hatte schon in frühern Zeiten eine so fürchterliche Eitelkeit, daß Europa davor zittern mußte; mich wundert, daß der Verf. die Verheerung der Pfalz nicht gleichfalls auf die Rechnung der armen Akademisten schreibt. Besonders ist er der Academie françoise in dieser Rücksicht gram, allein seine Vorwürfe beweisen blos, daß die Nation unter einem eisernen Despotismus seufzte, wo leider alles dem Tyrannen fröhnen mußte. Kein billiger Mensch kann indeß doch leugnen, wie dieß der Verf. thut, daß nicht durch die Academie françoise die französische Sprache jene Klarheit, Bestimmtheit und Feinheit erhalten habe, wodurch sie sich zum Theil mit zur Universalsprache von Europa gemacht hat. Auf ähnliche Weise fallen auch die Schmähungen weg, welche der teutsche Commentar über die Schrift des Franzosen gegen die Akademie der Inschriften, wegen einiger elenden öffentlichen Inschriften, welche unter Ludewig dem XIII. und XIV. aufgestellt wurden, äußert: denn sie beweisen nichts, als

daß

Die Akademien waren von jeher Gesellschaften, welche das Wachsthum der Wissenschaften zum Gegenstande hatten. In den alleraltesten Zeiten waren sie von den jetzigen besonders dadurch unterschieden, daß sie zugleich statt

A 4 öffent-

daß die verehrungswürdigsten Männer (im Fall sie wirklich jemals an jenen Inschriften Theil nahmen) unter dem Druck der Tirannen nachgeben mußten. Daß aber die Akademie der Inschriften wegen ihrer Werke verehrungswerth sey, wird selbst ein Heyne, ja jeder, der den ächte Gelehrsamkeit einigen Werth hat, nicht verkennen. — Et pourquoi donner des rentes à gens, qui n'ont rien fait? Dieser Ausfall, der alle Akademien angeht, ruht auf zu grober Ignoranz, als daß ich ihn weiter beantworten dürfte; fragen, was haben die Akademien gethan? heißt nichts, als ein Glaubensbekenntniß seiner wirklichen oder affectirten Unwissenheit geben.

„Die Akademien, sagt der Verfasser, haben nie einen großen Mann in den Wissenschaften, Künsten u. s. w. gebildet, — Cartesius existirte vor den Akademien!" Mairan, Clairaut, Dalembert, Jussieu, Buffon u. a. wurden sehr früh in die Akademien der Wissenschaften aufgenommen, wie dies chronologisch dargethan werden kann; daß die Werke dieser Männer mit ihren Jahren an Güte nicht ab- sondern zugenommen haben, weiß jeder, der überhaupt was weiß. Daß Cartesius früher da war, als die Akademien, ist ein lächerlicher Einwurf, denn kein vernünftiger Mensch wird behaupten, daß kein einziger großer Kopf den Akademien nicht vorhergegangen sey. Vom Cartesius habe ich schon oben erinnert, daß er selbst mit unter die Stifter der Akademien gehöre.

Doch manum de tabula! es reut mich der Zeit, ja selbst des Papiers; man hätte eine so elende Schrift wenigstens nicht als lesenswerth commentiren sollen. Ich habe mehrere der letzten Jahre besonders auf die Einrichtung dieser und ähnlicher Institute gewendet, und glaube mich im Stande, bey mehrerer Muße den Zustand der Akademien und Universitäten unserer Zeit aus einander setzen und daraus ihren Werth für die ganze Societät umständlich darlegen zu können. Daher halte ich mich überzeugt, daß, wenn es auch der Nationalversammlung einmal einfallen sollte, dem Verfasser zufolge, alle Akademien zu verjagen, dies mir, um nur sehr gelinde zu urtheilen, wenigstens bewiese, daß vernünftige Gesellschaften Fehltritte begehen können; denn entweder sind die gründlichsten Kenntnisse nichts mehr werth, oder die Urheber und Beförderer derselben sind verehrungswürdig.

öffentlicher Lehrsäle dienten, hieburch näherten sie sich den heutigen Universitäten. In unsern Tagen sind sie die Archive der menschlichen Kenntnisse. Sie sind Gesellschaften von Männern, die sich nicht etwa versammlen um die bekannten Wahrheiten vorzutragen, sondern um die Wissenschaften weiter zu führen, auf alles dasjenige Acht zu haben, was zur Vervollkommnung derselben bienen kann; sie errichten neue Wahrheiten auf die bekannten, oder suchen diese auf eine neue Art der Societät nützlich zu machen, neue Folgen aus ihnen zu ziehen. Hier sind aber solche Untersuchungen nicht einem Einzelnen ohne Widerspruch überlassen, jedes Mitglied darf und muß den Vortrag prüfen, jedem muß der Vortragende Rede und Antwort geben, und nur sodann erst wird das Ganze, als der Gesellschaft werth oder unwerth, bekannt gemacht oder verworfen.

Diese Absichten erfordern dann stets die vorzüglichsten Männer jedes Fachs, in einer ruhigen, selbst bequemen Lage; nur die Ehre, ihre Talente durch neue Entdeckungen oder durch nützliche Anwendung der schon bekannten, der Societät schätzbar zu machen, belebt sie, macht sie thätig.

Wo auch nur die Cultur zu einem gewissen Grad gestiegen war, da sahe man entweder die Regenten beschäftigt dergleichen Institute zu errichten, oder die besten Köpfe vereinigten sich, durch wechselseitigen Hang und Gefühl von Bedürfniß getrieben, in eine solche Gesellschaft. In dem Jahre 1638 versammleten sich in Paris Cartesius, Fermat, Pascal, Gassendi, Roberval, Auzout u. a., in England aber 1645 auf ähnliche Weise Boyle, die beyden Wallis, Wren, Petty und Willis. Diese ersten Männer damaliger Zeiten, die Stifter der beyden nachmahligen Societäten der Wissenschaften, fühlten schon damals, daß neue Wahrheiten nie ohne Widerspruch gedeyen, daß der einzelne Kopf sie selten von mehr als einer Seite betrachtet, daß daher, durch öffentliche Darlegung, neue Entdeckungen weit bestimmter berichtiget, weit umfassender angewandt

wandt werden, als dieß in dem Studierzimmer des Einzelnen geschieht, daß endlich nur durch Mittheilung, Nacheiferung hervorgebracht wird.

Jene beyde Privatgesellschaften wurden dann bald in öffentliche verwandelt. Carl II. sanctionirte die Londoner 1660 und Ludwig XIV. sechs Jahre später die von Paris; der Cardinal von Medices war aber beyden 1657 durch die Akademie del Cimento zuvorgekommen. Bald fingen andere Staaten an, diesem Beyspiele zu folgen, und man sahe nicht nur Cassini, Neuton und Leibnitz an der Spitze dreyer Akademien, sondern es war fast nirgend ein vorzüglicher Kopf, der ihnen nicht zugehörte. Das schnelle Wachsthum aller richtigen Kenntnisse, welches hierdurch bewirkt wurde, brachte nun eine Reihe ähnlicher Anstalten hervor. Sie blüheten unter dem Despotismus des Czaar eben so gut, als unter dem Freistaate von Holland, ja ihr Werth verpflanzte sie sogar nach Asien und Amerika. In der That haben die Wissenschaften unter ihnen Riesenschritte gethan. Die Chymie, die Naturlehre, die Analysis, die Optik, die Astronomie, die Mechanik, alle Stützen des menschlichen Lebens, der ganzen Societät, sind durch sie umgeschaffen, neu gebildet. Die neueren Sprachen sind durch sie verfeinert, veredelt; die Alterthumskunde und die Geschichte durch sie aufgeklärt. So wie aber alle diese Kenntnisse zunahmen, so sank Aberglauben und Religionshaß: denn der, welcher den Cometen ihre Bahn anwies, die Luft abwog, den Lichtstrahl spaltete, die Ebbe und Fluth abmaß, die electrische Batterie entladete, den Wetterstrahl ableitete, lehrte richtiger und kühner denken, predigte mächtiger gegen Zauberey und Pfaffentand, als alle jetzige sogenannte Aufklärer!

Erster Abschnitt.
Figur und Größe der Erde.

Die Bestimmung der Figur der Erde und das Maaß ihrer Größe sind nicht nur die Grundsäulen der Geographie, sondern auch der wichtigsten Lehren der Sternkunde. Von ihnen hängt das Maas der Abstände der übrigen Weltkörper selbst ab; und die Bahn unserer Erde, das Vorrücken der Nachtgleichen, der Umlauf des Mondes, die Lehre von der Ebbe und Fluth, können nicht ohne diese Untersuchungen genau bestimmt werden. Auf der andern Seite greift die Auflösung der Frage, über die Figur und Größe der Erde, tief in die Physik ein, ja selbst in die wichtigsten Bedürfnisse des gemeinen Lebens. Die ganze Untersuchung der Schwere, also die Lehre des Pendels, und daher die Bestimmung des Zeit= und Längenmaaßes, eben so wichtig für die Astronomie als für das bürgerliche Leben, ist darauf gegründet. Man muß es daher der französischen Akademie der Wissenschaften mit Recht verdanken, daß sie sich diese beyden Untersuchungen von jeher zu Hauptgegenständen gewählt hat.

Um weiter hin verständlicher zu seyn, sey es mir erlaubt, folgendes nur im Vorübergehen beyzubringen: Wenn die Erde sich um ihre Axe drehet, so entsteht in jedem der Parallelkreise, welche von Punkten auf ihrer Oberfläche beschrieben werden, eine Schwungkraft, die um desto mehr der Schwere entgegen gesetzt ist, je näher der Parallelkreis dem Aequator liegt. Daraus folgt, daß ein Pendel, welches einen Schlag in einer gewissen Zeit, z. B. einer Secunde, an einem gegebenen Orte, als etwa Paris, thut, zu diesem Schlage mehr Zeit braucht, wenn es näher gegen den Aequator gebracht wird.

Da

Da nun bey gleicher Wirkung der Schwere, ein kurzes Pendel seine Schläge in kürzerer Zeit thut als ein längeres, so folgt ferner, daß in kürzeres Pendel nahe am Aequator seine Schläge in eben der Zeit thut, als ein längeres, weiter vom Aequator, zu dem seinigen braucht. So bestätigte Richer 1672 auf der Insel Cajenne unweit des Aequators die Vermuthung, welche, Picard zufolge, vorher in der Akademie der Wissenschaften vorgetragen war*), nemlich daß ein Pendel, welches zu Paris Secunden schlug, verkürzt werden müsse, um unweit des Aequators Secunden zu schlagen. Dies war die erste Beobachtung unter einer Menge, von der damaligen Zeit bis auf die jetzige, welche alle darin übereinstimmten, daß ein Pendel, welches Secunden schlägt, weiter und weiter vom Aequator nach dem Pole zu, länger und länger seyn müsse.

Aus der Schwungkraft folgt, daß die Erde, wenn ihre Theile je nachgegeben haben, keine Kugel seyn kann, sondern die Axe, um welche sie sich dreht, oder der Durchmesser durch die Pole, kürzer seyn muß als der Durchmesser des Aequators, worüber zuerst Huygens und Neuton Rechnungen angestellt haben.

Die Messungen, welche nun 1669 vorgenommen wurden, als die Mittagslinie der Pariser Sternwarte durch ganz Frankreich verlängert ward, schienen diesem zu widersprechen. Sie gaben die nordlichen Grade in Frankreich kleiner an als die südlichen, und daraus folgte, die Erde sey länglich rund, ihre Axe sey größer als der Durchmesser des Aequators.

Hiegegen ließe sich einwenden: benachbarte Grade ändern sich so wenig, daß verzeihliche Fehler in der Messung den Grad kleiner angeben können, der wirklich größer ist.

Man muste daher mit dem Grade, der Paris enthält, weit entfernte vergleichen, wo diese Einwendung nicht statt findet.

*) I. s' Lande Astron. III. p. 102.

findet. Zu diesem Endzwecke sandte die Pariser Akademie Astronomen aus, deren einige einen Grad durch den nördlichen Polarkreis in Lapland maßen, andere drey Grad um den Aequator in Peru. Ihre Messungen stimmten darin überein, daß sie die Axe kürzer machten als den Durchmesser des Aequators. Aber die Verhältnisse beyder Linien gab jede Messung, mit der andern verglichen, verschieden an; und die nochmaligen Messungen gaben ähnliche Resultate. Das kann von Fehlern der Messung herrühren oder von wirklichen Unregelmäßigkeiten in der Gestalt der Erde. Letztere kann man wol nicht leugnen, wie dies besonders der Graf Büffon angemerkt hat, wenn man bedenkt, daß die Erde nur dann genau ein Ellipsoid durch Schwingung geworden seyn würde, wenn sie aus homogenen Theilen bestanden hätte, ein Fall, den man, den Erfahrungen gemäß, die wir von der Oberfläche haben, wol nie vermuthen darf. Auch haben dieß die Messungen, welche la Caille am Cap 1751 vorgenommen, bestärket.

Nach dieser letzten Messung der Franzosen, fingen auch andere Nationen an, sich diesen so kostbaren als wichtigen Messungen zu unterziehen. Boscowich und le Maire maßen 1755 für Benedict XIV. zwey Grade zwischen Rimini und Rom; und wir haben diesen Messungen die schätzbare Charte des Kirchenstats zu verdanken.

Von da kommen wir zu dem uns vorgesetzten Zeitpunct. Hier finden sich seit 1764 drey lehrreiche Untersuchungen durch drey verschiedene Nationen, in nicht weit auseinander liegenden Zeiträumen vorgenommen. Die beyden Engländer Mason und Dixon waren schon seit 1764 beschäftigt, einen Grad unter 39° 12' nordlicher Breite in Nordamerika, in den Provinzen Pensylvanien und Maryland, zu messen *); sie nahmen diese Arbeit drey Jahr nachher wieder vor. 1766 maß der P. Liesganig fast
drey

---

*) Philof. Transact. Vol. 58. for the year 1768. p. 270. u. f.

brey Grabe mit möglichster Genauigkeit, vermöge 22 Dreyecke. Seine Messungen fingen von Sobieschütz, einem Dorfe unweit Brün in Mähren an, und endigten sich bey Warasdein in Croatien *).

Bald nachher, nemlich 1768, unternahm der auch als Electriker berühmte Beccaria, in Gesellschaft des P. Canonica in Piemont, zwischen Turin und Andra, ähnliche Messungen **). England hatte 1747 eine Charte von Schottland verfertigen lassen, und 1763 dachte man ernstlich darauf, diese vollkommner zu machen; allein politische Unruhen verhinderten nachmals alle ähnliche große geographische Unternehmungen, bis daß der Gen. le Roy, welcher bey dieser schottischen Messung vorzüglich mit beschäftiget gewesen war, zu seiner Unterhaltung 1783 die Lage verschiedener Oerter um London zu bestimmen suchte. Cassini de Thury stellte bald darauf der Londener Societät vor, wie wichtig es für die Astronomie seyn würde, durch eine Reihe von Dreiecken von London über Dover, die Messungen, welche Frankreich wegen seiner großen Charte des Reichs unternommen hatte, über England weiter fortzuführen, und dadurch die Lagen mehrerer Theile beyder Reiche, besonders aber der beyden Sternwarten zu Paris und Greenwich, genauer zu bestimmen.

Georg der Dritte, einer der edelsten Kenner und Beschützer der Geographie und Astronomie, bewilligte die ihm hierüber vorgelegten Plane und Kosten, und man fing diese Messungen dadurch an, daß le Roy in der großen Ebene unweit London (Hounßlow Heath), eine Grundlinie abmaß. Mit einer bis jetzt nie bekannten Genauigkeit ging man hiebey zu Werke. Man maß diese ganze Grundlinie,

nicht

*) Ebend. S. 15. Umständlich hierüber Dimensio graduum meridiani Viennens. et Hungarici, Vienn. 1770, 4t. auch als Anweisung solcher Messungen sehr zu empfehlen.

**) Gradus Taurinensis. 1774. 4t.

nicht etwa bloß mit der Kette, sondern man bediente sich statt derselben 18 Fuß langer Glasröhren, welche durch eine eigene Vorrichtung frey über der Erde in die Höhe gehalten, eine dem Boden parallel laufende Linie maßen und wobey selbst das, was diese durch die Verschiedenheit der Witterung litten, mittelst eines eigenen, von Ramsden erfundenen Pyrometers, bestimmt wurde.

Vermöge einer solchen eben so neuen als scharfen Methode maß man eine Grundlinie von $27404 \frac{7}{10}$ Fuß, oder 1,12375 einer geographischen Meile. Wer sieht nicht begierig dem weiteren Fortgang dieses großen Unternehmens entgegen, welches unstreitig, wenn die übrigen Messungen der Genauigkeit dieser ersten entsprechen, alle ähnliche bisherige Arbeiten übertreffen wird. *)

Unter denen, welche innerhalb unsers Zeitraums die bisher angezeigten Messungen mit der Theorie am scharfsinnigsten verglichen haben, verdienen Mallet, la Lande, Frisi und besonders la Place; unter den Teutschen aber Hube, Klostermann, und zuletzt vorzüglich Klügel genannt zu werden.

Mallet hatte schon 1766 eine sehr schätzbare Abhandlung über die Figur der Erde durch die verschiedenen Pendellängen gegeben, als er nachmals in seiner mathematischen Geographie **) diese Untersuchung von neuem vornahm und das Resultat aus den wirklichen Messungen zog, daß die Erdaxe sich zum Erddurchmesser verhielt wie 202, 4 : 203, 4; ein Verhältniß, welches dem, so la
Caille

*) Philos. Transact. Vol. 75. p. II. p. 385--478.

**) Mallets genaueste Berechnung der Figur der Erde aus Vergleichung der Länge der Pendel: Schw. obs. v. Küsten, 29ster B. S. 168 u. f. Mallet zeigt hier zugleich §. 5. die Schwierigkeiten, welchen solche Observationen unterworfen sind, daher die Berechnung der Figur der Erde ungewisser wird, als durch die Gradmessungen.

15

Caille herausgebracht hatte, sehr nahe kam. Ein sehr wenig hievon abweichendes Resultat gaben, ihm zufolge, auch die Angaben der Pendelbeobachtungen; denn die Resultate der Astronomen, welche ihm am wenigsten zweifelhaft schienen, setzten obige Verhältnisse auf 199, 1 : 200, 1. *).

Aus fünf wirklichen Gradmessungen findet er dann nach obigem Verhältnisse die Erdaxe in deutschen Meilen $= 1700,5697$, den Durchmesser $= 1709,1148$, die ganze Oberfläche $= 16513559,681$ Quadratmeilen; den Cubikinhalt des Erdkörpers $= 2600759767$ Cub. Meilen.

La Lande findet **) mit Bouguer, daß die Unterschiede der gemessenen Grade sich nicht wie die Quadrate der Breitensinus verhalten, welches bey einer Elipsoide der Fall seyn würde, sondern wie die Biquadrate der Breitensinus. Nach diesem letztern Gesetze bestimmt er denn die krumme Linie für die Meridiane und findet eine abgeflachte Erde, bey welcher der Erddurchmesser um $\frac{1}{178}$ seines Längenmaaßes größer ist als die Erdaxe. Der Ueberschuß des ganzen Erddurchmessers beträgt auf 16 lieues de France.

Hube hat 1780 in einer gelehrten Schrift ***) nachmahls durch ähnliche Voraussetzungen bestimmt, daß die Meridiane keine Elipsen sind und daß sich die Erdaxe zum Durchmesser wie 177 : 178 verhalte.

Schon 1757 gab der berühmte Frisi eine Abhandlung über die Figur der Erde, allein 1784 trug er diese Untersuchungen mit eben so großem Scharfsinn als Sachkenntniß

---

*) Allgemeine Beschreibung der Erdkugel, drittes und viertes Cap.

**) Astronom. T. 14. p. 116. u. f. Im Supplementsbande 679 setzt Hr. la Lande dem de Grive zufolge diesen Unterschied auf $\frac{1}{187}$, indem de Grive annimt, daß die Unterschiede der Grade sich nicht wie die vierte Potenz der Sinus der Breite verhalten, sondern wie $3\frac{1}{4}$ Potenz. Astron. IV. p. 770.

***) Hube de telluris forma, Varsoviae 1780.

niß viel umständlicher vor. *) Er nimt an, daß die
Messungen der Grade in Peru, in Lapland, in Holland, in
Frankreich, und unweit Wien, wegen der geringen Einwir-
kungen, welche die anziehenden Kräfte der Gebirge bey ihnen
äußern konnten, die übrigen Messungen an Genauigkeit
übertrafen. Sodann legt er das Verhältniß der Axen von
230 zu 231 zum Grunde, und berechnet den Werth, welchen, diesen Annahmen zufolge, die übrigen Grade haben
müsten. Durch Vergleichung dieser berechneten Grade
mit den gemessenen, rechtfertiget er seine obige Auswahl
unter den gemessenen Graden.

Er wendet sodann seine Methode an, verbindet stets
zwey und zwey der verschiedenen Messungen der von ihm
angezeigten 12 Grade, und findet, daß das eben ange-
nommene Verhältniß der Axen den Messungen noch am
meisten Genüge leiste. Auch weiß er dieses Verhältniß
für die verschiedenen Beobachtungen der Pendellängen an-
nehm-

*) Pauli Frisi Oper. Mediolani 178. Tom. III. p. 129. u. f.
Ich setze hier die Tafel her, worin Frisi die von ihm berechneten
Grade mit den wirklich gemessenen vergleicht. A. a. O. S. 133.

Länder und Breite.		Werth eines berechneten Grades in Toisen.	Werth des gemessenen Grades	Unter- schied
1. Peru	0°	56719	56749	+ 30
2. Vorgeb. d. g. Hoffn.	33° - 18′ S.	56943	57037	+ 94
3. Pensylvan.	39 - 12	57616	56888	— 128
4. Röm.	43 - 1	57065	56979	— 86
5. Frankreich	43 - 31	57071	57048	— 23
6. Piemont	44 - 44	57087	57138	+ 51
7. Frankreich	45 - 45	57100	57050	— 50
8. Ungarn	45 - 57	57103	56881	— 222
9. Oestreich	48 - 43	57139	57086	— 53
10. Pariser	49 - 23	57147	57074	— 73
11. Holl.	52 - 4	57181	57145	— 36
12. Lappl.	66 - 20	57343	57405	+ 62

nehmlich zu machen. Er nimmt endlich die Hypothese an, es befände sich ein Kern in der Erde, dessen Durchmesser der kleinen Axe gleich sey, und der fünfmal so viel Dichtigkeit habe, als die ihn umgebende Rinde, und zeigt, daß hiedurch den meisten Erfahrungen über die gefundenen Pendellängen Genüge geleistet werde; ob er gleich zugiebt, daß auch bey einem andern Verhältniß der Dichtigkeit der verschiedenen Erdlagen ein Gleiches, wiewohl weniger einfach, daraus herzuleiten stehe.

De la Place suchte die Figur der Erde durch eine neue Wendung der Frage zu bestimmen *). Man hatte bis dahin stets, der Neutonschen Theorie zufolge, eine bestimmte Figur von der Erde angenommen, und sodann untersucht, ob das Gleichgewicht diese Figur erlaube. De la Place wandte diese Untersuchung um, und suchte diejenige Figur, die für das Gleichgewicht der ganzen Erde paßt. Eine tiefe Analyse zeigte ihm sodann, daß die Veränderungen der Richtungen der Schwere, bey einer, wenig von der Kugel abweichenden, Gestalt, eben den Gesetzen folgen, als bey einem Elipsoid. Zehn Jahre nachher nahm er diese Untersuchungen von neuem vor **). Er sah, daß die Messungen mehreren Unrichtigkeiten ausgesetzt waren, und that daher blos theoretisch dar, daß, wenn das Verhältniß der beyden Axen von 230 zu 231 festgesetzt würde: so leiste ein dadurch hervorgebrachtes Elipsoid den wichtigsten Fragen über die Bewegung der Erde Genüge.

Niemand hat genauer die Fehler, welche bey den geodätischen Messungen der Erde vorgegangen seyn können, untersucht, als Klostermann. Durch seine hierüber der Königlichen Academie der Wissenschaften zu Göttingen 1785 bis 1786 eingereichten Abhandlungen, sucht er mit vielen Gründen darzuthun, daß die Unregelmäßigkeit der gemessenen

*) Mem. de l'Acad. de sc. de Paris 1772. p. 2.
**) Mem. de l'Acad. de sc. année 1783.

nen Grabe, welche verhindert, den Meridianen eine bestimmte Figur zuzuschreiben, nicht von der Unbestimmtheit der Figur der Erde selbst, sondern von den Fehlern der Messungen herrühre. In der That, wenn man bedenkt, daß bey so vielen Dreiecken, die bey dergleichen Messungen nöthig sind, geringe Unrichtigkeiten schwer zu vermeiden stehen, wenn man dabey wie billig auf die Irrungen Rücksicht nimmt, welche durch die anziehenden Kräfte der Berge, die das Loth von der Perpendikularlinie abziehen, entstehen können: so scheint dies allerdings sehr für die Meynung des Hrn. Klostermann zu sprechen. Indeß ist es doch nicht minder gewiß, daß, wenn wir nach dem schliessen, was uns die mineralogische Betrachtung der Erdrinde lehrt, und nach den auf ihr vorgegangenen Revolutionen, deren Beweise uns vor Augen liegen: so können wir nicht leicht jene Regelmäßigkeit der Meridiane annehmen, die nur bey einem homogenen, durch die Gesetze der Centralkräfte entstandenen, elliptischen Sphäroid, statt finden müssen.

Zuletzt haben wir noch eine sehr scharfsinnige Untersuchung dieser wichtigen Materien durch Hrn. P. Klügel [*]) erhalten. Er ziehet die Messungen mit in Betracht, giebt zu, daß die südliche Hemisphäre der Erde, eine, von der nordlichen etwas abweichende Gestalt habe, findet aber dessen ungeachtet Formeln, wodurch sich folgende Verhältnisse ergeben. Die Axen verhalten sich wie 186 zu 187; die größere, oder der Durchmesser, des Erdäquators, beträgt 6559982, und die Erdaxe, der Durchmesser durch die Pole, 6524894 Toisen.

Rechnet man, um alles mit dem vorhergehenden auf einerley Maaß zu bringen, die französische Meile (Lieue) auf 2283 Toisen [**]), so beträgt dieser Unterschied 15 Meilen (Lieues), 843 Toisen.

Bey

---

[*]) Bodens astronom. Jahrbuch für 1787 und 1788.

[**]) Paucton Météorologie ou Traité de mesures 1780. 4. p. 104.

19

Bey Vergleichung dieses Maaßes mit denen oben aus Frisi, la Lande und Mallet beygebrachten, findet sich kein großer Unterschied. Nimmt man nun aus diesen vier Berechnungen das Mittel der Unterschiede der beyden Erdaxen, und bringt dies auf deutsche Meilen *); so giebt der Ueberschuß des Erd-Diameters, oder der größern Axe über die kleinere, $8, \frac{7072}{10000}$, etwa $8\frac{7}{10}$ Meilen, eine Angabe, die sich von der Neutonschen nicht sehr weit entfernt.

Nie steht eine große Wahrheit unfruchtbar da; aus ihr fließen Nebenkenntnisse, welche ihr oft an Brauchbarkeit gleich sind.

Die Hauptidee des großen Neutons von der Schwere erzeugte die von der Figur der Erde, diese wiederum die Bestimmung verschiedener Pendellängen und endlich unter vielen andern auch den Folgesatz von der Attraction der Gebirge. Als Theile der Erde mußten diese nämlich eine ähnliche Kraft haben die Körper an sich zu ziehen, wie die Erde selbst, und als große Massen mußten sie so stark wirken, daß sich dieses sichtbar machen ließe. Dies äußerte vormals schon Neuton, und Bouguer hatte wirklich durch die Kraft des Chimborasso eine solche Wirkung bey seiner Weltmessung wahrgenommen, allein der Werth, der durch die Anziehung des Berges verursachten Abweichung des Perpendikels, der nicht völlig 8″ betrug, schien der Masse des Gebirges nicht zu entsprechen. Man denke sich ein Perpendikel auf einer großen Ebene, es wird dem Zuge der Schwere zufolge lothrecht herabhängen; rückte man es aber gegen eine große Masse, welche dies Loth seitwärts anzöge, also etwa gegen ein beträchtliches Gebirge: so würde, wenn Neutons Gesetz allgemein war, die Attraction des Gebirges dies Perpendikel so weit aus seiner lothrechten Stellung gegen sich hinziehen, als die Masse des

B 2 Gebir-

*) Die geograph. Meile, deren 15 auf einen Grad gehen, mit Pauston zu 3805 Toisen gerechnet.

Gebirges und seine Nähe im Stande wären, einen Theil der Kraft des gesammten Erdballs zu überwältigen.

Dieser Satz mußte deswegen äußerst wichtig werden, weil man nur durch ihn in Stand gesetzt wurde, die Genauigkeit der Messungen der Erde zu bestimmen. Die scharfen Messungen des P. Liesganig hatten die Erfahrung des Bouguer bestätigt, denn der sehr beträchtliche Unterschied des von ihm in Steiermark gemessenen Grades gegen die benachbarten, schien ihm mit Recht, da er eben die Genauigkeit, wie auf die übrigen, darauf gewandt hatte, der Wirkung der nahen großen Steierschen Gebirge zuzugehören *). Auch behauptete Cavendish, bey Gelegenheit der Messung der Herren Dixon und Mason in Nordamerika, die Anziehung der dortigen Alleganischen Gebirge beträchtlich genug gefunden zu haben, um die Länge des gemessenen Grades 60 bis 100 Toisen zu vermindern **).

Dies war indeß stets nur etwas mehr als Vermuthung, bis der königl. Astronom Hr. Maskelyn im Jahr 1772 der Societät der Wissenschaften in London vorschlug ***), eine eigene Messung hierzu unternehmen zu lassen. Er ward diesem zufolge von ihr selbst zu dieser Untersuchung erwählt; und gieng mit den besten Instrumenten versehen 1774 nach Schottland, wo ihm der Shehallien, ein großer isolirter Berg in der Landschaft Perth, hiezu der bequemste schien. Es kam hieben auf folgendes an: der Unterschied der Breite der beyden äußersten Puncte der Basis des Shehallien, oder die Größe der Basis von Norden nach Süden, mußte astronomisch bestimmt werden. Eben dieselbe Linie ward sodann auch aufs genaueste geodätisch gemessen. Gaben beyde Messungen einen bedeutenden Unterschied, fand man nämlich das erste Maaß beträchtlich größer; so entstand dies nur dadurch, daß bey der Breitenmes-

---

*) Liesganig a. a. O.
**) Cavendish philof. Transact. Vol. 58. p. 329.
***) Philof. Transact. Vol. 65. p. 495. P. II.

teumeſſung, die Winkel an der Baſis durch die anziehenden
Kräfte des Gebirges zu ſehr vergrößert waren. Hr. Maſ=
kelyn*) maß zu dieſer Abſicht mit äußerſter Sorgfalt von
43 Sternen den Abſtand vom Zenit. Er ſtellte deshalb
337 Obſervationen an, und fand dann, daß der Unterſchied
der Breite zwiſchen beyden Erdpuncten der Baſis, $54'' \frac{6}{15}$
gab. Die geodätiſchen Meſſungen gaben für eben dieſe
Grundlinie 4364 $\frac{1}{10}$ Fuß.

Sucht man den dieſer Länge reſpondirenden Bogen,
ſo beträgt er nur $42'' \frac{84}{15}$, alſo $11'' \frac{6}{15}$ weniger, als dies
die aſtronomiſchen Meſſungen angaben. Dieſer Unterſchied
war alſo durch die doppelte Anziehung des Berges hervor=
gebracht, indem der Shehallien an jedem Ende der Grund=
linie das Loth gegen ſich hinzog und ſo die Winkel verän=
derte. Wäre daher die Attraction des Berges an der Nord=
und Südſeite gleich ſtark geweſen, ſo hätte die Hälfte hie=
von die Wirkung des Berges auf das Loth gemeſſen.

Herr Hutton unterſuchte nachmals ſowohl dieſen
Punct, als die übrigen Folgeſätze dieſer Meſſungen, in
einer äußerſt mühſamen Abhandlung **). Nachdem er zuerſt
auf das umſtändlichſte die Meſſungen ſelbſt auseinander=
geſetzt und durch Zeichnungen erläutert hat, ſucht er den
Werth der Attraction des Gebirges dadurch zu berechnen,
daß er ſich den Shehallien in ſehr viele Priſmata getheilt
denkt, ihre Höhen beſtimmt und die Attraction jeder einzel=
nen Seule berechnet. Dieſe ſummirt er ***) und beſtimmt
hiedurch dann, daß die Anziehung an der Nordſeite des
Berges ſich zu der Südſeite verhalte, wie 7 : 9; welchen
Unterſchied er den größern und dem Obſervatorium der
Südſeite näher liegenden Hügeln zuſchreibt. Darauf ver=
gleicht er die Attraction der ganzen Erde mit der des Ber=

*) Ebendaſ. S. 500.
**) Phil. Transact. Vol. 68. p. II. von S. 689 – 788.
***) Friſi berechnet die Attraction der Gebirge in ſeiner Werke
T. III. auf eine allgemeinere Art.

ges; sie ist seinen Voraussetzungen zufolge $\frac{1}{17151}$ von der der Erde. Er folgert hieraus, daß die mittlere Dichtigkeit der Erde sich zu der mittleren Dichtigkeit des Shehallien wie 9:5 verhalte. Da die äußere Kruste des Berges aus Granit, (er sagt common stone? solid rock) besteht, so nimmt er an, daß der ganze Berg aus eben dieser Gebirgsart zusammengesetzt sey, deren specifische Schwere $2\frac{1}{2}$ mal so groß ist als die des Wassers. Durch diese beyden Verhältnisse bestimmt er, daß die mittlere Dichtigkeit der Erde um $4\frac{1}{2}$ mal die des Wassers übertrafe. Neuton glaubt, daß die mittlere Dichtigkeit der Erde fünfmal so groß sey. Dies ist also nicht viel von der Huttonschen Angabe entfernt. Ist die mittlere Dichtigkeit der Erde so groß, so vermuthet Hutton, daß es irgendwo in ihrem Innern große Massen von metallischen oder überhaupt sehr dichten Materien gäbe, die überhaupt genommen über $\frac{1}{2}$ der ganzen Erdmasse betragen müßten. So wäre es denn noch unwahrscheinlicher, daß die Erde nur eine große hohle Kugel sey; übrigens finden sich freilich hiebey mehrere Hypothesen, die aber viel wahrscheinliches für sich haben.

Einstimmig haben also mehrere Akademien durch Aufwand von Tiefsinn, Zeit und Kosten, Keplern, Neuton und Huygens, ein dauerndes Monument errichtet. Sie haben die, von diesen großen Männern entdeckten Gesetze der anziehenden Kraft nicht blos unleugbar bestätigt, sondern sie zum Nutzen der Societät angewandt. Sie haben das Maaß der Erde, und die Größe ihres Abstandes von der Sonne darnach genauer bestimmt; sie haben Methoden angegeben, wodurch selbst die vermeinten Fehler neue Beweise jenes allgemeinen Naturgesetzes geworden sind; sie haben endlich die Planeten darnach abgewogen, ja sogar versucht das Innere der Erde uns dadurch sichtbar zu machen. — —

Zweyter

Zweyter Abschnitt.
Breite und Länge.

§. 1.

Nach der Frage, wie groß die Erde sey, und was sie für eine Gestalt habe, liegt mir wohl keine näher als die, wo lebe ich auf der Erde? wie weit bin ich nämlich von den Polen und von dem Aequator, und um wie viel Lin ich östlicher oder westlicher als ein anderer, kurz, unter welcher Breite und Länge ist mein Wohnplatz? Die Beantwortungen dieser Fragen, also die genaue Bestimmung der Breite und Länge der Orte, befriedigen aber nicht bloß die Neugierde, sondern sie sind die Grundlagen der ganzen Geographie und alles Zeitmaaßes. Auch beruht auf ihnen die Sicherheit der Schiffahrt; wie viele Seefahrer haben nämlich, durch Unkunde oder durch Unvermögen genau ihre Lage bestimmen zu können, sich fern von den Küsten, oder ihnen zu nahe geglaubt, und daher ihren Untergang bewirkt! Wie manche dadurch ihre Reise verlängert, und wie viele sind endlich ein Opfer des überhand nehmenden Scorbuts oder des Wassermangels geworden!

Breite.

Die ältern, bekannten Methoden, die Breite zu finden, z. B. die, durch Beobachtungen der Höhen der Sterne unweit des Pols, oder durch mittägige Sonnenhöhe, liegen jenseits des von uns hier fest gesetzten Zeitraums. Nur merke ich von letztern noch an, daß Fleurieu *) diese Methode in seiner Reise zur Untersuchung der See=Uhren des Herrn Berthoud besonders auseinander gesetzt und ihre Anwendbarkeit umständlich gezeigt hat. Dies ist auch in Rücksicht anderer minder gewöhnlichen, obgleich schon früher bekannten Methoden geschehen, z. B. der, die Breite zu

---

*) Fleurieu Voy. fait p. ordre du Roi 1768, 69, pour eprouver les horloges marines, Paris 1774. Vol. 2. p. 391.

zu finden, durch Höhen von Sternen südlich und nördlich genommen, wodurch man zugleich den Quadranten verificiren kann *), ferner bey der Methode, durch die Höhe zweyer Sterne, deren Declination und Rectascension nebst der Zeit zwischen beyden Observationen gegeben ist. Zu den neuen Methoden gehört besonders die, deren Herr May. Hell sich bediente, um die Polhöhe von Warbhuys, einem Orte in Norwegen, wo er 1769 den Durchgang der Venus beobachtete, zu finden **). Er hatte seinen Quadranten nicht zuvor geprüft. Durch das Mikrometer suchte er die Differenzen der Höhen zweyer Firsterne, die unter eben dem Grade der Höhe, einer gegen Norden, der andere gegen Süden, culminirten, ohne daß er die Höhen selbst zu wissen brauchte. Der Fuß des Fernrohrs dient nur die gleichen Höhen zu erhalten. Hr. Hell beschreibt ihn, und bedient sich bey dieser Arbeit eines Quadranten, der nicht einmal genau abgetheilt zu seyn braucht. In Smiths Optic wird schon von Cotes was ähnliches vorgeschlagen. Es ist auch selbst nicht nöthig, daß dies Werkzeug aufs genaueste in der Mittagsfläche sey, doch darf es nicht über ¼ Grad davon abweichen. Da Hr. Hell solchergestalt aus Sternen die Polhöhe findet, ohne einen richtig getheilten Quadranten vorauszusetzen: so begreift man, daß umgekehrt, wenn die Polhöhe bekannt ist, der Quadrant sich auf diese Art prüfen und berichtigen lassen wird. Man findet also erstlich mit dem unberichtigten Quadranten die Polhöhe, und dann berichtigt man durch letztere die Eintheilungen des Instruments ***). Letztes ist also was ähnliches von dem Berichtigen astronomischer Werkzeuge, durch Umkehrung derselben; und die Methode selbst kommt mit der angeführten des Herrn von Fleurieu ziemlich überein.

Die

*) Fleurieu a. a. O. S. 550.
**) Beyträge zu verschiedenen Wissenschaften von einigen Oestreichischen Gelehrten, Wien 1775.
***) M. V. Hell observatio transit. Veneris ante discum solis 3. Jun. 1769.

Die Polhöhe aus der Zeit zu finden, welche der Durchmesser der Sonne braucht, durch eine Horizontal= Linie, oder durch einen Scheitelkreis zu gehen: diese Aufgabe hat Herr Lyons im Nautical=Almanac 1778 aufgelöst. Der Graf Mattuschka hat einen Beweis da= von gegeben, der in das berlinische astronomische Jahrbuch von 1781, S. 285. eingerückt ist.

Auch Herr Lexell handelt davon in Act. Ac. Petrop. 1779. P. I. p. 300.

Herr Hofrath Kästner hat in seinen astronomischen Abhandlungen III. §. S. 669 und 692 gezeigt, wie man aus Höhen, und Durchmesser der Sonne, findet, wie viel Zeit sie braucht, durch einen gegebenen Scheitelkreis, oder auch durch einen Kreis, der mit dem Horizont parallel liegt, zu gehen. Höhe der Sonne hängt mit ihrer Ab= weichung, mit Stundenwinkel und Polhöhe, zusammen, und die Auflösung beruht auf Betrachtung des Winkels, den Scheitelkreis und Stundenwinkel an der Sonne ma= chen. Es ist also begreiflich, daß rückwärts sich die Pol= höhe berechnen läßt, wenn alles übrige bekannt ist.

Die Kästnersche Abhandlung enthält überhaupt eine sehr lehrreiche und umständliche Auseinandersetzung, mehrerer Methoden, die Polhöhe ohne Beobachtung in der Mittags= fläche zu finden. Auch findet sich bey der Reisenachricht der Herren la Crenne, de Borda und Pingré, ein ähnli= ches Verfahren sehr umständlich durch den Herrn von Borda für Seeleute auseinander gesetzt *). Douwes hat die Aufgabe des Pitot, aus zwo Höhen eines Sterns und ihrer Zwischenzeit seine Abweichung zu finden, wenn man die Polhöhe weiß, oder die Polhöhe zu finden, wenn man die Abweichung weiß, aufgelöst, und zum Gebrauch der Schiffer bequem gemacht **).

B 5 §. 2.

*) Voy. fait p. ordre d. Roi en 1771 et 1772 pour verifier plu-
sieurs Methodes et Instrumens, servant à determiner la Lat. et Long. Paris 1778. T. I. p. 340. u. f.

**) Abhandl. der Gesellschaft der Wissenschaften zu Harlem 1775. und Nautical Almanac 1771.

§. 2.
Länge.

Die Bestimmung der geographischen Länge, das zweyte nothwendige Stück zur Angabe der Lage eines Orts, hängt von mehreren mühsameren Beobachtungen ab. Seit Neutons Zeiten hat sie durch die unermüdeten Arbeiten der größten Mathematiker und Künstler beträchtliche Fortschritte gemacht; in den letzten 30 Jahren hat man aber besonders die drey brauchbarsten Methoden, nämlich 1) die, durch die Jupiters-Trabanten, 2) die, durch Bedeckung und Abstände der Planeten und Fixsterne vom Monde, und endlich 3) die, durch Vervollkommnung der Seeuhren, aufs weiteste zu treiben sich bemüht.

Ich halte es für überflüßig, meine Leser umständlich zu erinnern, daß die beyden ersten Methoden darauf beruhen, daß man Himmelsbegebenheiten an zwey durch ihre Lage von Osten nach Westen von einander verschiedenen Orten, nach wahrer Zeit beobachtet, diese Beobachtungen sodann mit einander vergleicht, daraus den Unterschied der Zeit für die Meribiane beyder Orte findet, und diesen Zeitunterschied sodann in Grade und Längenmaaß verwandelt. Offenbar setzt dies daher eine genaue Kenntniß der Bewegungen der Jupiters-Trabanten und des Mondes voraus. Die genauesten Tafeln für alle mögliche Stellungen derselben, setzen uns daher in Stand die Länge am genauesten zu bestimmen. Le Gentil, Jeaurat, Bailly haben über die Jupiters-Trabanten schätzbare Arbeiten geliefert *), Wargentin aber, welcher schon 1746 seine Tafeln darüber bekannt machte, arbeitete mit solchem Eifer hierin fort, daß seine neuesten Tafeln, welche man 1779 in England in dem Nautical-Almanac, und in Frankreich, in des Evesque Guide du Navigateur, nachgedruckt hat, für die drey letzten Trabanten nur eine Unge-
wißheit

---
*) In den Mem. de l'Acad. d. sc. de Paris, besonders von 1765.

wißheit von einer Minute in Zeit übrig laſſen. Iſt man nun auch hiedurch fähig auf dem feſten Lande die Länge ziemlich genau anzugeben, ſo iſt doch einmal Jupiter beynahe zwey Monate im Jahr der Sonne zu nahe, und das Schwanken des Schiffs macht bey der Beobachtung faſt unüberwindliche Schwierigkeiten. Letztere ſuchten nun beſonders Irwin, Fyot, Kratzenſtein und de Rochon zu heben. Beſſon hatte ſchon 1567 den Einfall gehabt, durch einen ſchwingenden Tiſch und Stuhl das Schwanken beym Obſerviren auf dem Schiffe zu vermeiden. Irwin führte *) aber 1760 einen von ihm erfundenen Schwungſtuhl wirklich aus, der indeß, ungeachtet der damit nicht ganz fruchtlos angeſtellten Verſuche, doch nicht weiter in Betracht gekommen zu ſeyn ſcheint. Noch unbrauchbarer war der ähnliche Schwungſtuhl des Profeſſors Fyot, denn obgleich wirklich die Bewegung des darin ſitzenden Beobachters geringer war als die des Schiffs ſelbſt, ſo fanden doch die franzöſiſchen Obſervatoren **), daß ſeine Bewegungen zugleich unregelmäßiger waren, als jene, und daß es daher bequemer ſey, auf dem Schiffe ſelbſt einem Geſtirne mit dem Tubus zu folgen als in dem Stuhle.

Herr Kratzenſtein hat ebenfalls einen Sitz für den ſchiffenden Aſtronomen vorgeſchlagen. Er beſchreibt ſeine Angabe in der Sammlung, Acta litteraria Univerſitatis Hafnienſis, Anni 1778. Sie iſt daraus in den Göttingiſchen gelehrten Anzeigen erzählt 1778; S. 1117. Er hat ſelbſt bey Seereiſen, die er gethan, zwar der Witterung wegen keine Verfinſterung von des Jupiters Trabanten beobachten können, aber doch gefunden, daß Jupiter ſich ſo im Felde des Fernrohrs ſehr wohl erhalten ließe.

Nicht viel mehr ſind wir bey der heutigen großen Verkürzung der Fernröhren, vermöge der acheomatiſchen Objectivgläſer in Stand geſetzt worden, denn Jupiter oder irgend einem

Stern

*) Journal étranger Mars 1760 et 1761.
**) Voy. fait p. ord. du Roi p. Meſſ. de la Crenne, de Borda et Pingré, 2 vol. p. 456.

Stern zur Obſervation hinreichend zu folgen oder ihn feſt
zu halten. Die Erfindung des Abt de Rochon hiezu beſtand
kurz darin, daß er zwey Hülfsgläſer bey dem Sehrohr an=
brachte, ein convexes von 2 bis 3 Fuß Brennweite gegen
das Geſtirn hin, und ein anderes mattgeſchliffenes in dem
Focus des vorigen gegen das Auge zu, dies letzte empfing
das Bild auf einem eigenen ſchwarzen Fleck, und die ganze
Einrichtung diente dazu, das durch das Schwanken des
Schiffs entwiſchte Bild wieder zu fangen *).

Der Mond, gleichſam ganz zu unſerm Nutzen geſchaf=
fen, war ſchon ſeit Neutons Zeiten als eins der brauchbar=
ſten Hülfsmittel, die Länge zu beſtimmen, angeſehen, nur
erforderte dies eine äußerſt genaue Kenntniß ſeiner Be=
wegung.

Von den erſten Mathematikern unſerer Zeit, unter=
zogen ſich die Herren Dalembert, la Grange, Euler,
Clairaut und Tob. Mayer, dieſen Unterſuchungen von
neuem. Clairaut arbeitete nach der Auflöſung des Pro=
blems der Anziehung dreyer Cörper, Tafeln aus, die die
größte Achtung verdienten. Mayer rectificirte dieſe Theo=
rie durch eine große Reihe von Obſervationen und über=
reichte 1760 ſeine darnach berechneten Mondstafeln der
Londner Commiſſion der Länge (Commiſſioners of the
board of Longitude). Eine genaue Prüfung zeigte dann,
daß die Mayerſchen Tafeln den Ort des Mondes bis auf
eine Minute Raum, ja öfters bis auf einige Secunden an=
gaben, und alſo die übrigen Tafeln an Genauigkeit über=
trafen.

England war billig genug, 1765, dieſer wichtigen
Arbeiten wegen, den Erben des großen Mannes 3000 L. St.
auszuzahlen, und ließ 1770 die Tafeln mit der dazu ge=
hörigen Theorie unter der Direction des königl. Aſtronomen
Maskelyne drucken **). Eulers vorhergegangene Arbei=
ten,

*) M. ſ. Pingré Voy. a. a. O.
**) Tob. Mayeri Tab. motuum Solis et Lunae, Lond. 1770. 4t.
auch gab Hr. Maskelyne heraus: Mayeri Method. longitu-
dinum […] und, dieſem hat Hr. Maſk. dem Nautical Almanac verbeſſert.

ten, welchen **Mayer** allerdings viel zu verdanken hatte, wurden zu gleicher Zeit mit 300 ℒ. St. 'elohnt. Nachmals nahm **Euler** diese Rechnungen von neuem vor; seine 1772 in Petersburg herausgegebene Mondstheorie nennt er selbst ein Werk von unglaublichem Fleiße, das von drey geschickten Analysten der dortigen Academie, nämlich **Euler, dem Sohn, Kraft** und **Lexell**, unter des großen Mannes Direction zu Stante gekommen war, und wodurch er selbst die Mayerschen Tafeln an Schärfe zu übertreffen gesucht hat *). Die Benutzung der Mondstafeln überhaupt, geschieht hauptsächlich durch die Distanzmethode, nämlich indem man den Abstand der Sonne oder eines Sterns, der unweit der Mondsbahn liegt, vom Monde in einer bestimmten Zeit mißt, geben dann die Mondstafeln genau an, wie groß die Weite dieses Sterns an einem andern Orte zu eben dieser Zeit ist: so giebt hierauf die Rechnung die Länge des Orts, dem Beobachter. Folgendes gäbe eine allgemeine faßliche Vorstellung dieser Methode.

Da man auf der See die Mittagshöhe der Sonne nehmen kann, so oft als es die Witterung erlaubt, so kann man hiedurch stets die Zeit des Mittags finden **); bey Nacht ergiebt sie sich aus den Höhen der Sterne. Fände man nun auf die Weise, es sey auf dem Schiffe 11 Uhr in der Nacht, und wüßte man in dem Augenblicke, es sey 10 Uhr zu Greenwich, so läge des Schiffs Meridian eine Stunde Zeit, also 15 Grad, westlicher als der Meridian von Greenwich. Mäße man ferner in diesem Augenblicke auf dem

---

*) Theoria motuum lunae nova methodo pertractata, una cum tabulis astronomicis, incredibili studio trium Academicor. T. A. Eul. L. Kraftii & Lexell, opus dirigente L. Eulero. Petropoli 1772. In der Connoiss. des Tems 1786. p. 200. findet sich ein Verzeichniß der Druckfehler dieser Ausgabe, und dann folgen eben diese Tafeln in einer bequemeren Einrichtung, dieser verbesserte Abdruck hat aber auch Druckfehler, welche gleichfalls nachher angezeigt sind.

**) Hiebey kann eine selbst mittelmäßig gute Taschenuhr schon brauchbar seyn.

dem Schiffe die Weite des Mondes von einem Sterne, und
fände sie so groß, als sie in einem Calender von Greenwich,
Abends um 10 Uhr, angesetzt sey, so machte man in Rück=
sicht der Lage des Schiffs eben den vorigen Schluß. Hier
wird aber bey Seite gesetzt, was Parallaxe des Monds
und Refraction hiebey wirken, wodurch freylich die Rech=
nung verwickelter wird. Dieser Schluß beruht darauf,
daß der Mond seine Weite von den Sternen, mit denen
man ihn vergleicht, sehr schnell ändert, beynahe um einen
halben Grad in einer Stunde, also schon merklich in we=
nigen Minuten Zeit *).

Auf die Weise hat Maskelyne zuerst angefangen,
im englischen Nautical Almanac Weiten des Mondes von
Sternen, oder auch von der Sonne, jeden Tag von drey
zu drey Stunden, für den Meridian von Greenwich an=
zugeben; für Zwischen = Zeiten muß man die Weiten durch
Proportionaltheile und durch Interpoliren finden. Letzte=
res würde gleichfalls erfordert, wenn man die Weite auf
dem Schiffe nicht genau so groß fände, als eine für Green=
wich angegeben ist.

In dem Hamburger Schiffs=Calender für 1788 findet
man eine umständliche Darstellung hievon. Dieser Calen=
der des Hrn. Capt. C. G. D. Müller zu Stade verdient
überhaupt in den Händen jedes Deutschen zu seyn, dem
nur irgend Astronomie, Geographie und Schiffarth nicht
gleichgültig sind.

Vorbesagtes erfordert genaue, sichere Messungen, es
ist daher die Verbesserung desjenigen Instruments, mit
welchem diese geschehen, hiebey ein wesentliches Stück.
Dies Instrument ist der schon 1731 von Hadley angege=
bene Spiegelsextante oder Octante, je nachdem er den sech=
sten oder achten Theil des ganzen Cirkuls beträgt. Sei=
nen ausgebreiteten Nutzen zur Messung von Distanzen
haben

*) Ueber die Distanzmethode sehe man gleichfalls La Lande Astr.
2. ed. T. 3. p. 177. u. f. wie auch ebend. T. IV. p. 712. u. f.

haben **Ludlam** *), l'**Ævesque** **) u. a. genau auseinander gesetzt. Hr. von Zach, einer unsrer heutigen vorzüglichsten Beobachter, hat aber 1785 nicht nur bereits angefangen für Deutschland die wichtige Berichtigungs=Methode und die daraus fließende Genauigkeit unsers Instruments bestimmter anzuzeigen, sondern wir erwarten noch eine genauere Beschreibung des ganzen Instruments nach den letzten Verbesserungen des Hrn. **Magellan**, **Ramsden**, und des Grafen von **Brühl** ***).

Herr von **Charnieres** gab ein Instrument an, wodurch er die Distanzen mit noch größerer Genauigkeit messen konnte, als durch Hadleys Sextanten; er nannte es Megameter ****). Es ist eine Art Heliometer an einem Sector angebracht. Allein, wenn man auch eben so leicht als mit dem Sextanten damit observiren kann, und selbst die da nöthigen Rechnungen abzukürzen versteht, so fand dennoch Hr. **Pingré**, daß es deshalb dem Sextanten weichen müsse, weil seine Brauchbarkeit weit eingeschränkter ist. Man kann das Megameter nur bey Nacht gebrauchen, da man sich des Sextanten hingegen, bey nicht zu hohen Breiten, fast täglich bedienen kann, nur die wenigen Tage der Conjunction des Mondes mit der Sonne ausgenommen. Auch mißt das Megameter nur kleine Distanzen, der Sextant viel größere. Ist also grade kein Stern nahe genug beym Monde für das Megameter, so wird es unbrauchbar, und die größere Genauigkeit bey kleinen Distanzen kann diese beyden Nachtheile nicht erse=
zen.

---

*) Ludlams Direction for the use of Hadleys Octant, Lond. 1771. 8. Ludl. sucht S. 2. zu zeigen, daß Neuton der eigentliche Erfinder dieses Instruments sey, wenigstens daß er es gleichfalls erfunden habe, ohne es bekannt zu machen.

**) Le Guide du Navigateur, Nantes 1772.

***) v. Zach über die geogr. Ortsbestimmung, in Meisners Quartalschrift für ältere und neuere Litteratur, 3. Jahrg. 8. Heft.

****) (Charnieres) Théorie et pratique des Longitudes en mer. Paris 1773.

zen*). Herr v. Charnieres hat umständliche Nachrichten über dieses Werkzeug und zugleich über die Methoden die Länge zu finden gegeben **), und le Monnier hat die Lunarmethoden überhaupt, besonders für die Schiffer, abgehandelt ***).

In diesen letzten Jahren hat Hr. v. Borda noch ein anderes Werkzeug zu ähnlichem Behuf vorgeschlagen. Es liegt dabey der Reflexionskreis unsers göttingischen Mayers zum Grunde †), nur hat v. Borda die Unbequemlichkeit, die ihm mit dem Sextanten gemein war, daß vor jeder Observation die Spiegel parallel gestellt werden, durch eine Veränderung der Stellung des Fernrohrs und des kleinen Spiegels weggeschafft ††).

Zuletzt ist in unsern Zeiten besonders auf die Methode, die Länge durch genau gehende Uhren zu bestimmen, Rücksicht genommen. Nemlich obgleich bey den vorhin angezeigten Methoden die Zeit ebenfalls der Grund der Bestimmung der Länge war, so ist diese letztere Methode doch in so weit einfacher, daß, um hier die wahre Zeit des Orts zu bestimmen, man nur einer Uhr von völlig unwandelbarem Gange bedarf; diese wird die mittlere Zeit des Orts angeben, von dem ich ausgehe, und da es durch Planeten, Sterne, Mondsbeobachtungen, Finsternisse, besonders aber durch Sonnenhöhen leicht fällt, die Zeit des Orts, wo ich mich sodann befinde, anzugeben, so giebt die Vergleichung der Uhr mit dieser beobachteten Zeit, den Unterschied der beyden Orte in Zeit, die sich dann leicht in Raum verwandeln läßt.

Die-

*) Pingré in den Voy. de Meſſ. de la Crenne, Borda et Pingré, T. 2. p. 448.

**) Charnieres a. a. O.

***) Aſtronomie nautique lunaire p. le Monnier, Paris 1773.

†) De Borda Description et usage du Cercle de Reflexion, Paris 1788. 4.

††) Ueber T. Mayers Reflexionskreis s. m. Magellan Collection de differens Instrumens de Physique. Lond. 1780. 4t.

Diejenigen, welche die Seeuhren zu einer vorzüglichen Vollkommenheit gebracht haben, sind, unter den Franzosen le Roy und Berthoud, von den Engländern hingegen Harrißon, Arnold, Cummings, Kendal und letztlich besonders Mudge und Emery.

Mit den Seeuhren der Franzosen fange ich hier deswegen an, weil ihrer nicht so viele sind, und weil sie auch nicht so weit, bis auf die letzten Jahre, reichen, als die der Engländer. Ich erinnere indeß hiebey überhaupt, daß, da ich mich nur auf den Zeitraum von etwa 1760 einschränke, die ältern Arbeiten und Angaben eines Besson, Sturm, Hauteville, Halley, Barathier, u. a. gänzlich wegfallen. Wargentins Abhandlung über die Geschichte der Meereslänge mit Kästnerschen *) Anmerkungen, mehrere der Einleitungen zu den gleich anzuführenden Seereisen, v. Zachs Geschichte der Meereslängen **), das schätzbare Gehlersche Wörterbuch der Naturlehre, wie auch Hassencamps kurze Geschichte der Meereslänge, empfehle ich in dieser Rücksicht.

Die Pariser Akademie der Wissenschaften hatte 1765 als Preisfrage aufgegeben, die beste Methode, die Zeit auf dem Meere zu messen. Der Uhrmacher le Roy überreichte deßhalb zwey Uhren, die auch wegen ihres richtigen Ganges in Paris vielen Beyfall erhielten. Man forderte indeß mit Recht, daß sie auch auf dem Meere geprüft werden sollten, und der Marquis von Courtanvaux erbot sich großmüthig, hierzu auf eigene Kosten eine Fregatte zu erbauen. In Gesellschaft der Astronomen Pingre' und Messier machte er nun hierin eine dreymonatliche Reise ***). Die beyden erwähnten Uhren schienen indeß der Forde=

---

*) Schwed. Akad. der Wissensch. für 1758.
**) Canzlers und Meißners Quartalschrift für ältere und neuere Lectüre, 3. Jahrg. 3. Quartal, Leipz. 1785.
***) Journal du Voyage de Mr. le Marq. de Courtanvaux sur la Fregate l'Aurore pour essayer par ordre de l'Acadeinie plusieurs Instrumens relatifs à la Longitude, mis en ordre p. M. Pingré. Paris 1768. 4. Die drey ersten Capitel enthalten schätzbare Nachrichten zur Geschichte der Meereslänge.

C

Forderung nicht Genüge zu leisten *). Da aber diese Reise zu kurz gewesen war, auch die eine Uhr zu Anfang ein widriger Zufall betroffen hatte, so wünschte le Roy selbst eine anhaltendere Probe. Der Seeminister, Herzog von Praslin, beorderte zu dem Ende 1768 eine Fregatte, worin der jüngere Cassini auf einer Reise nach Terreneuve, Sale in Afrika, und Cadix; die Uhren fünf Monate hindurch beobachtete. Der der Akademie davon abgestattete Bericht fiel so günstig für le Roy aus, daß er den bis dahin verdoppelten Preis erhielt. Dies hielt indeß die Akademie nicht ab, von neuem eben dieselbe Preisfrage aufzugeben, theils um größere Concurrenz zu bewirken, theils um sie auf alle übrige Instrumente, die Länge zu finden, auszudehnen.

Ein zweyter berühmter Künstler, der Uhrmacher Berthoud, hatte während dieser Zeit wirklich trefliche Seeuhren zu Stande gebracht. Zwar hatte er nicht um den Preis gearbeitet, allein man hatte ihm, wenn seine Uhren einen brauchbaren Grad von Genauigkeit erreichen würden, eine Pension nebst dem Titel eines königl. Inspectors der Seeuhren versprochen. Der Seeminister wählte zu einer Probe der Uhren des Berthoud den Hrn. v. Sleurieu von der Marine, und die Akademie wieder Hrn. Pingre'. Sie liefen im December 1768 aus, besuchten Cadix, die Azoren, die Canar. Inseln, die von Cap Verd, Martinique, die Bank von Terreneuve, und kehrten nach 9 Monaten nach Brest zurück **). Dieser Reise hat auch die Geographie viel zu danken, wovon weiter hin mehr vorkommen wird. Das hieher gehörige Resultat war Hrn. Berthoud so günstig, daß ihm die Versprechungen erfüllt wurden. Herr von Fleurieu und Pingre' bezeugten nämlich, daß die eine Uhr binnen 42 Tagen noch nicht um

*) Ebend. im XIV. Cap.
**) Voyage fait p. ordre du Roi en 1768. et 1769 pour prouver en mer les horloges marines inventées p. Mr. F. Berthoud, p. Mr. d'Eveux de Fleurieu, Enseigne de Vaisseau, T. I. et II. Paris 1774. 4to.

um einen halben Grad fehl gezeigt habe, und daß die zweyte nicht viel schlechter sey als jene; daß das stärkste Schwanken des Schiffs, welches bisweilen eine Neigung von 45° betragen habe, eben so wenig als die Veränderung der Temperatur von 0° bis 25° Reaum. ja auch die gesammte Entladung aller 20 Kanonen der Fregatte, dem Gange der Uhr geschadet. Da man nun noch überdies wünschte, die Uhren der beyden französ. Künstler zu vergleichen, so ward wieder eine Fregatte ausgerüstet, welche zugleich alle übrige, zur Länge vorgeschlagene Instrumente zur Prüfung mitnehmen sollte. Die Herren Verdun, de la Crenne, und de Borda giengen von Seiten der Marine, Herr Pingré aber von neuem als Gehülfe mit. Sie nahmen außer den erwähnten Uhren, den Schwungstuhl des Syot, das Megameter, eine Seependule von Biesta, und eine Seeuhr des Uhrmachers Arsandaux mit *). Die geographischen sehr schätzbaren Untersuchungen, welche auf dieser von 1771 bis zu Ende 1772 dauernden Reise gemacht wurden, kommen weiterhin vor. Die Reisenachricht gab in Rücksicht des Hierhergehörigen folgende Resultate. Die Pendule des Biesta sowol als die Uhr des Arsandaux waren beyde zu unregelmäßig in ihrem Gange, allein letzterer hatte bey seiner Uhr eine so treffliche Aufhängungsmethode erfunden, daß das heftigste Schwanken des Schiffs auf ihre Lage fast gar keinen Einfluß zu haben schien. Die Uhren des le Roy gaben, die eine binnen einer Zeit von 6 Wochen, die Länge bis auf $\frac{2}{3}$ eines Grades, die andere auf einen halben Grad richtig an; die des Berthoud aber bis auf 34' 36'', sie fehlte also auch nur wenig über einen halben Grad**), welches unter der Breite von 55° 40' nur $6\frac{1}{4}$ Lieue beträgt.

 Diese beyden letzten Reisen kann man, außer daß sie die Resultate deutlich angeben, auch als Muster ihrer Art

C 2   empfeh-

---

*) Voy. fait p. ordre du Roi en 1771 et 1772 &c. p. Mess. de la Crenne, de Borda et Pingré, Paris 1778. 4. a vol.
**) Voy. T. a p. 370.

empfehlen; daher halte ich mich nicht bey einigen andern auf, welche vorher und nachher mit diesen Uhren unternommen sind *).

England, vom Meere umgeben, dabey fast ganz vom Handel, und von beyden Indien abhangend, mußte eben daher mehr als irgend ein Staat auf eine Untersuchung wenden, wovon die Sicherheit seiner Schiffahrt größtentheils abhängt. Es ist auch bekannt, daß der englische Preis auf die Bestimmung der Länge von 20000 Pf. Sterl. die übrigen alle übertraf.

Harrison hatte durch seinen Sohn mit seiner Uhr, Zeithalter (Time Keeper), 1761 die dritte Probe gemacht; da sie auf der Reise nach Jamaica binnen 81 Tagen nur um 5 Secunden, auf dem Rückwege aber nur um 1. 54‴ Zeit, welches, in Bogen verwandelt, kaum einen halben Grad betrug, gefehlt hatte: so zahlte man ihm von den 20000 Pf. Sterl. dennoch vorerst nur 2500 und verlangte eine abermalige Probe. Diese gieng auf einer Reise nach Barbados vor sich; der königliche Astronom Maskelyne war zuvor dahin abgegangen, um astronomisch den Längen-Unterschied der Orte zu bestimmen. Während der Reise hatte Harrison, dem Zeugniß des Capit. Lindsay zufolge, vermöge seiner Uhr die Länge richtig angegeben und bey der Ankunft fand man, daß die Uhr nur um 54‴ fehle, oder in Bogen, um 13′ 30″. Da man dessen ungeachtet noch Zweifel gegen die völlige Güte hegte: so erhielt Harrison hierauf dennoch von der übrigen Summe des ganzen Preises nur 10000 Pf. Sterl. Es sollte ihm die

*) So wurden die Uhren des Berthoud auch von dem Ritter Goimpy und von dem Abt Chappe und de Rochon geprüft. Noch lese man über die Arbeiten der Franzosen nach: 1) Precis des recherches faites en France depuis l'année 1730. pour la determination des longitudes en mer &c. p. le Roy, à Paris 1774. 4t. 2) Eclaircissemens sur l'invention, la théorie, la construction des nouvelles machines proposées en France, pour la determination des longitudes, par F. Berthoud, Paris 1773. 3) Suite du Precis &c. p. le Roy, 1774.

die zweyte Hälfte gezahlt werden, wenn er genau die ganze Struktur seines Zeitmessers bekannt machte, und wenn eine Probe mit mehrern seiner Uhren den obigen günstigen Erfolg bestätigte. Hr. Maskelyne probirte diesem zufolge drey derselben in Greenwich über 9 Monate, und da sollen sich denn, Hrn. Maskelyne zufolge, selbst bey der besten dieser drey Uhren so bedeutende Unrichtigkeiten gefunden haben *), daß Harrison keine weitere Belohnung erhielt. Harrison ist gegen diese Behandlung seiner Uhr öffentlich aufgetreten, und fand die Beurtheilung partheyisch **), allein mit Recht oder nicht, so scheinen seine Einwürfe gegen Hr. Maskelyne doch nicht so treffend, als diejenigen, welche Hr. von Zach gegen die Maskelynsche Prüfungsmethode selbst, dem Hrn. Graf Brühl zufolge, gemacht hat. Maskelyne hat nämlich nicht, wie dies die Regeln der Wahrscheinlichkeitsrechnungen fordern, den Gang der Uhr nach der größtmöglichsten Summe der Beobachtungen bestimmt: sondern er hat das Mittel des Ganges der Uhr des ersten Monats, als den Vergleichungspunct für alle übrige angenommen. Der Graf Brühl in London, der bey gründlichster Kenntniß in der Astronomie die edelste Vorliebe für diese Wissenschaft thätig zeigt, hat bey gleich anzuführender Gelegenheit bewiesen, wie weit jene Beurtheilungsmethode der billigern ersten nachsteht.

Nach den von Harrison bekannt gemachten Grundsätzen, verfertigten Arnold und Kendal Seeuhren, welche auch verschiedenen Proben unterworfen worden sind. Die Seereisen, auf welchen man sie untersuchte, waren vorzüglich folgende. Der Capit. Phipps, jetzt Lord Mulgrave, nahm, auf Verlangen der Commission der Länge, zwey Zeitmesser, den einen von Arnold, den zweyten von Kendal, bey seiner Reise gegen den Nordpol mit an Bord.

C 3 Dane=

---

*) An Account of the going of Mr. Harrisons Watch at the Roy. Observatory from May 6, 1766. to March 4. 1767.

**) Harrisons Remarks on a Pamphlet lately published by the Rd. M. Maskelyne. 8vo.

Daneben hatte er selbst eine Taschenuhr von Arnold, die von so ausserordentlicher Güte war, daß sie binnen 128 Tagen nur 2′ 40″ abwich *). Die drey Tafeln, welche diesen lehrreichen Reisenachrichten, wovon in der Folge mehr vorkommen wird, beygefügt sind, zeigen, daß der Gang der beyden Zeitmesser ziemlich von einander abwich; bey den fünf durch Mondsbeobachtung genommenen Längen, waren die geringsten Abweichungen der Uhren von Kendal nur 34′ 45″, von Arnold 51′; freylich war auch ein Fall da, wo der Unterschied viel mehr betrug.

Die beyden folgenden Untersuchungen der Zeithalter, waren, wegen ihrer ausserordentlichen Dauer, viel entscheidender. Sie geschahen auf den beyden berühmten Weltumseglungen des unsterblichen Cook. Bey der ersten Reise von 1772 bis 1775 hatte die Commission der Länge zweyen vorzüglichen Astronomen, nämlich den Hrn. Wales und Bayley, außer vielen andern treflichen Meßinstrumenten, auch vier Zeithalter (Time Keeper), drey von Arnold und einen von Larcum Kendal, mitgegeben. Nach anhaltenden, mit dem größten Fleiße gemachten Beobachtungen, zogen diese Astronomen das Resultat, daß die Uhren eine bewunderungswürdige Genauigkeit gezeigt hätten, und daß man im Stande sey, dadurch die Länge bis auf ½ eines Grades anzugeben **). Die zweyte Probe, welche auf der dritten großen Cookschen Reise, gleichfalls von Hrn. Bayly, mit solchen Uhren vorgenommen wurde, fiel ebenfalls nicht ungün=

---

*) A Voyage towards the Northpole, undertaken by his Maj. Commands 1773. by J. C. Phipps, London 1774. 4to. deutsch, mit Zusätzen Hrn. Landvogts Engel, Bern 1777. 4. Ich habe nur die letztere Ausgabe vor mir, worin es dem deutschen Herausgeber beliebt hat, viele schätzbare Tafeln wegzulassen.

**) The original astronomical Observations made in the Course of a Voyage towards the South Pole and round the world &c. by Will. Wales and W. Byly. London 1777. Man sehe was dort S. 280. über die unerwartete Genauigkeit von Kendals Uhr gesagt wird.

ungünstig für sie *), wie man sich aus den Tabellen über ihren Gang auf den Societätsinseln **) überzeugen kann, aus; selbst nach einem fast dreijährigen Gebrauch, gab die Berechnung der Länge durch eine dieser Uhren die Lage des Peter Pauls Hafen in Kamtschatka bis auf 4 Seemeilen richtig an ***). Bedenkt man nun, welchen heftigen Stürmen oder Bewegungen, wie vielen Climaten, die Zeithalter bey so langen Proben in allen Meeren ausgesetzt waren, so bewundert man billig die Künstler, deren Werke allen diesen Veränderungen Trotz bieten konnten.

Alle bisher erwähnten Seeuhren oder Zeithalter, waren noch immer von einer zu unbequemen Größe, bis daß es Hrn. Mudge geglückt, ein treffliches freyes Stoßwerk (Echappement libre) zu erfinden. Der Hr. Graf Brühl ließ hievon eine von ihm angegebene sinnreiche Anwendung auf die Zeitmesser durch einen geschickten Londner Uhrmacher aus der Schweitz gebürtig, Joseph Emery, ausführen. Hiedurch wurden Zeitmesser, unter dem Namen Taschen-Chronometer zuwege gebracht, eben so merkwürdig wegen ihrer geringen, bequemen Größe, als wegen ihrer unerwarteten Genauigkeit. Die Vereinigung dieser beyden Vorzüge setzen uns nun in Stand, den Gedanken des berühmten Manheimer Astronomen, Christ. Maier, wirklich auszurichten, nämlich vermöge einer unwandelbaren Uhr, nach vorhergenommenen Polhöhen mehrerer Orte, eine sehr genaue Charte eines großen Landes, z. B. Rußlands, zu entwerfen ****). Die Uhr sollte hier die Stelle der Beobachtung der Jupiters-Trabanten vertreten, nämlich die Längen angeben; Maier zeigt, daß man selbst bey einer

Uhr,

*) The original aftron. Observations made in the Courfe of a Voyage to the Northern Pacific Ocean for the Difcovery of a N. E. or N. W. Paffage &c. by Cp. Cook and L. King, and Will. Bayly, London 1782. 4to.

**) Ebend. S. 39.

***) Ebend. S. 248. freilich fehlte sie oftmals um mehr.

****) Nouvelle methode pour lever en peu de tems, et à peu de frais, une carte generale et exacte de la Ruffie p. Chr. Maier, St. Petersb. 1770. 8vo.

Uhr, deren Gang ſich ſchon binnen 19 Tagen um 14 Se=
cunden ändert, dennoch eine ſolche Charte leichter und ge=
nauer zu Stande brächte, als vermöge der mühſamen
aſtronomiſchen Meſſungen, deren man ſich in Frankreich
bedient hat.

Der Hr. Graf Brühl hat nun wirklich eine ähnliche,
aber freylich genauere, Arbeit nicht etwa in Vorſchlag ge=
bracht, ſondern bereits angefangen. Er hat mehrere ſolche
Chronometer von Emery verfertigen laſſen, die dann eine
nie vorher zu ſehende Genauigkeit zeigten *). Einer die=
ſer Zeitmeſſer gab nach einer Fahrt von vier Wochen dem
Admiral Campbell die Länge von St. John auf Terre=
neuve bis auf 6″ richtig an, ein anderes ähnliches In=
ſtrument hatte nach 14 Monaten nur um 17″ gefehlt; ein
andermal hatte das Chronometer die Länge von Brüſſel
nur bis auf 1″7 zu groß angegeben. Der Herr Graf ge=
denkt durch dieſe Uhren und durch den von Ramoden ver=
beſſerten Octanten mehrere Theile von England aufzuneh=
men, wodurch dann mit geringen Koſten eine genaue
Charte dieſes Reichs zu Stande käme. Ich verweiſe meine
Leſer in Rückſicht dieſer Chronometer, theils auf die um=
ſtändliche Auseinanderſetzung dieſer Bemühungen des Hrn.
von Zach **); eben wie auf die ſchätzbaren eigenen
Nachrichten des Hrn. Grafen Brühl ***), wo man auch
Gelegenheit hat den jetzigen Herzog von Marlborough
als einen der geſchickteſten Aſtronomen Englands gleichfals
zu verehren.

*) Three Regiſters of a Pocket-Chronometer and the Obſerva-
tions from wich they were collected by Count de Brühl
with an account from Vice-Admiral Campbell of the firſt
of M. Mudges Time keeper &c. London 1786. 4to.

**) v. Zach in Meiſners Quartal=Schrift, a. a. O.

***) Latitudes and Longitudes of ſeveral Places aſcertained by
Count de Brühl by Obſervations taken with a nineinch
Hadleys-Sextant of Mr. Ramſdens Conſtruction an arti-
ficial Horizon, with a Spirit Level of a new Conſtruction
made by M. Nairn and Blunt, and a Pocket-Chronometer made by Mr. Emery. London 1786. 4t.

Beyträge
zur neuen Geschichte
der geographischen Projectionen,
oder
der Entwerfungen von Landcharten;
von
Abraham Gotthelf Kästner.

I.

Der Göttingischen Societät der Wissenschaften ist von mir am 18. Jan. 1766 eine Theoria projectionis stereographicae horizontalis vorgelegt worden. In der Sammlung: Dissertationes mathematicae et physicae quas S. R. Sc. G. annis 1756—1766. obtulit A. G. K. Altenb. 1771. nimmt sie die 8te Stelle ein. Im Eingange habe ich erzählt, was bis dahin wegen dieser Projection gethan war. Sie setzt das Auge in die Fläche der Kugel, und nimt für die Tafel, auf welcher die Abbildung geschieht, eine Ebene an, welche durch den Mittelpunct der Kugel senkrecht auf dem Durchmesser durchs Auge steht, oder auch seltner eine Ebene dieser parallel. Man nennt sie stereographisch.

2. Das Auge in einen der Pole, oder in den Aequator zu setzen; Polar- oder Aequatorial-Projection war längst gewöhnlich gewesen, besonders zu Abbildung beyder Halbkugeln. Für einzelne Welttheile oder Länder, das Auge in den Durchmesser zu stellen, der ohngefehr durch das Mittel des Welttheils oder Landes geht, hatte, so viel ich weiß, zuerst Joh. Matth. Hase empfohlen in einer zu Leipzig 1717 vertheidigten Disputation: Sciagraphia tractus de projectionibus sphaerarum. Der Tractat ist nie erschienen. Die Tafel ist (1) der wahre Horizont des Orts

Orts der im Mittel des abgebildeten Stücks der Erdfläche liegt, daher heißt diese Projection: Stereographica horizontalis.

3. Hase hat nach den Vorschriften dieser Projection viele Landcharten für die Homannische Officin in Nürnberg gezeichnet, auch ein Schüler von ihm, Böhm. Eben dergleichen haben auch Lowiz und Tobias Mayer geleistet, die Regeln aber sind nie bekannt gemacht worden, welches mich veranlaßt hat, sie in erwähnter Abhandlung analytisch darzustellen. Einige der dasigen Formulen habe ich zur Rechnung einfacher und bequemer einzurichten gesucht in einer Additio ad Th. pr. Stereogr. sie findet sich in Novis Commentariis Soc. R. Sc. Gott. Tom. I. ad ann. 1769 et 1770. p. 138.

4. Die stereographische Projection stellt Kreisbogen auf der Kugelfläche ebenfalls durch Kreisbogen vor, freylich nicht von eben dem Halbmesser; auch schneiden auf ihr die Abbildung der Meridiane und der Parallele einander senkrecht, wie diese Kreise selbst auf der Kugel. So stellt sie eine Seite der Kugelfläche auf einer Ebne so ähnlich dar, als sich thun läßt.

5. Bey der stereographischen Projection muß man sich die Erdfläche durchsichtig vorstellen, das Auge sieht was außen auf ihr ist in der Höhlung und so wird es ihm auf der Tafel abgebildet.

6. Wäre es nicht natürlicher, das Auge hoch über die Erde zu erheben, und die Sachen auf einer Tafel abzubilden, die zwischen ihr und dem Auge, oder auch jenseits ihrer stünde? Bey einer unendlich großen Erhöhung des Auges entstände so eine orthographische Projection.

7. Aber da bildeten sich Kreisbogen auf der Kugel nicht durch Kreisbogen ab. Man müßte andre krumme Linien, z. E. Ellipsen, zeichnen können. Und einer der Vorzüge der stereographischen Projection wird darinn gesetzt, daß man bey ihr alles durch Kreisbogen bewerkstelligen kann.

8. In

8. In der Ausübung geht ein großer Theil dieses Vorzugs verlohren, Halbkreise, z. E. geographische Meridiane, bekommen zu ihren Bildern oft Bogen von wenig Graden, aber ungeheuern Halbmessern. Diese Bogen lassen sich oft nicht einmahl mit Stangenzirkeln bequem beschreiben, man braucht für sie Kunstgriffe, wie ich in meiner geometrischen Abhandlung 1. Samml. (Gött. 1790.) 43 Abh. darstelle, und so ist man mit den Kreisbogen dieser Projection nicht besser daran, als mit Bogen andrer krummen Linien, die man zur Ausübung immer am besten durch Puncte beschreibt.

9. Man könnte also, zu unterschiednen Absichten, unterschiedne Entwerfungen der Erdfläche auf Ebenen brauchen, denn von Allem, was sich auf der Kugelfläche befindet, können doch die Bilder ohnmöglich so auf einer Ebene gegen einander liegen, wie die Sachen auf der krummen Fläche.

10. Dahin gehören Lamberts Anmerkungen und Zusätze zu Entwerfung der Land=und Himmelscharten, in seinen Beyträgen zum Gebrauch der Mathematik, III. Th. (Berlin 1772.) VI. Abh. 105. S. Er handelt da zuerst von der orthographischen Projection, und giebt nachdem unterschiedne andre an.

11. Unter andern auch diese: Man setze das Auge in den Mittelpunct der Erde, lasse eine Ebene die Erde berühren, und bilde auf dieser Ebene jeden Punct der Erdfläche da ab, wo die Linie vom Auge durch den Punct in die Ebene trifft. Das heißt: Centralprojection. Man findet nach einer bequemen Vorschrift die Weite zweener Puncte auf der Kugelfläche aus der Weite ihrer Bilder mit dieser Projection.

12. Für Sterncharten ist diese Projection längst gebräuchlich gewesen, und in der That die natürlichste, weil wir uns die Sterne in einer hohlen Kugel vorstellen, in deren Mittelpuncte wir sind. Nur verziehen sich die Abbildungen der Sachen, die weit vom Berührungspuncte der

Ebene

Ebene weg liegen, sehr stark. Man kann daher die Hälfte der Himmelskugel gar nicht so darstellen; und den ganzen Himmel auf so wenig Charte, als möglich, abzubilden, stellt man sich einen Würfel um die Kugel beschrieben vor, auf dessen sechs Seitenflächen sechs Kugelstücke abgebildet werden. So haben Pardies u. a. Sterncharten verfertigt. Theoria proiectionis superficiei sphaericae in planum tangens, oculo in centro posito, findet sich von mir in Act. Acad. Elect. Mogunt. Scientiar. vtilium quae Erfurti est, ad ann. 1776; p. 172. Lambert empfahl diese Projection auch Zeichnern zu Nachtstücken; ein paar schöne Proben davon finden sich in Hrn. Bodens Anleitung zur Kenntniß des gestirnten Himmels; auch hat Hr. Bode in eben dem Buche zwölf Sterncharten mitgetheilt, wie sich jeden Monat einmahl Sterne am Berliner Horizonte zeigen.

13. Hr. Karsten hat in seinem Lehrbegriffe der gesammten Mathematik, VII. Theil, Optik und Perspectiv, (Greifswald 1775) die Projectionen im XXII. u. f. Abschnitten abgehandelt.

14. Hr. Klügel machte beym Antritte des Lehramts der Mathematik und Naturlehre zu Halle 1788 eine geometrische Entwickelung der Eigenschaften der stereographischen Projection bekannt, welche verdient als ein Muster empfohlen zu werden, wie solche Gegenstände nach Art der Alten geometrisch abzuhandeln sind, die man freylich jezt mehr durch analytische Rechnungen untersucht. Es ist aber zur Bildung des Verstandes immer dienlich, anschauende und symbolische Erkenntniß zu verbinden.

15. Proben der stereographischen Projection hat Hr. Bode mehrere geliefert. Seine Beschreibung und Gebrauch einer auf den Horizont von Berlin entworfnen neuen Weltcharte, Berlin 1783, gehört zu Entwürfen der beyden Halbkugeln, da in einer Berlin im Mittel ist, in deren andern die Antipoden von Berlin das Mittel einnehmen. Bey seiner Anleitung zur allgemeinen Kenntniß der

Erdku=

Erdkugel 1786, sind Aequatorialprojectionen der beyden Halbkugeln, das Auge einmahl in den Berliner geographischen Meridian, das anderemahl in den Meridian der Antipoden gesetzt. Diese Stellung des Auges zerstückt freylich alte und neue Welt, die bey der Stellung des Auges, welche man sonst braucht, abgesondert erscheinen. (Die neueste Welt, Polynesion, läßt sich auf keiner Aequatorialprojection unzerstückt darstellen;) Hr. B. giebt aber den Vortheil an, sie zeige das Verhältniß zwischen Wasser und Land auf der Erdfläche.

16. **Christl. Bened. Funk** handelte schon in seinen Anfangsgründen der mathematischen Geographie, Leipz. 1771, die Lehre von der Projection gut ab; Er lieferte 1781 Polarprojectionen der beyden Erdhälften, wie er schon 1777 dergleichen für die beyden Hemisphären am Himmel geliefert hatte.

17. Man hat auch Charten, die, ohne perspectivische Abbildungen der Erdfläche zu setzen, doch gewisse Absichten vorzüglich erfüllen. Dahin gehört zuerst die hydrographische Darstellung nach Wrights und Mercators Arten mit wachsenden Graden. Außer dem Gebrauche, den die Schiffer von ihr machen, giebt sie auch die Bequemlichkeit, einen Streifen um die ganze Erdfläche aneinanderhängend darzustellen, wenn derselbe sich nur nicht zu nahe an die Pole erstreckt. So dient sie, wie Wohnungen der Thiere über die Erdfläche verbreitet sind, mit einem Blicke zu übersehen, bey Zimmermanns Specimen Zoologiae geographicae quadrupedum, Lugd. Bat. 1717 und desselben Versuch einer Anwendung der zoologischen Geographie auf die Geschöpfe der Erde, nebst einer zoologischen Weltcharte, Leipz. 1783. Bey Klügels Encyclopädie, zweytem Theile, Berlin 1782, ist von Hr. Boden der Erdstreifen zwischen beyden Polarkreisen hydrographisch entworfen; zur Ergänzung der Erdfläche dienen Polarprojectionen dessen, was zwischen jeden Polarkreis fällt.

17. Ein

17. Ein Streifen um die Erde zwischen zween Parallelkreisen, die nahe beysammen sind, liesse sich ohne großen Fehler für einen Streifen rings um eine Kegelfläche annehmen; der Kegel müßte die Erde mitten zwischen den beyden Parallelen berühren. Also, wenn ein Land in diesen Streifen fällt, liegt es auch in dem Kegelstreifen. So giebt es Charten, die Theile von Netzen gleichseitiger Kegel sind. Dergleichen ist Tob. Mayers kritische Charte von Deutschland, wie sein Sohn, Hr. Hofr. Mayer in Erlangen erinnert; gründlicher und ausführlicher Unterricht zur practischen Geometrie, III. Theil, (Gött. 1783.) 351. §. An diesem Orte sind noch allerley lehrreiche Bemerkungen über Verzeichnung der Charten mitgetheilt. *Patrick Murdoch* of the best form of geographical Maps Phil. Trans. 1758. p. 553. schlägt auch Charten vor, die, auf Abwicklung der krummen Erdfläche ankommen.

18. Zu eben der Vorstellung der Kugelfläche auf einer Kegelfläche, die sich dann in die Ebene ausbreiten läßt, gehört Hrn. F. T. Schubert Abhandlung de projectione sphaerae in Nova Acta Ac. Sc. Imp. Petropolitanae Tomus II. (Petrop. 1788.) p. 84. Eine andre Absicht und Ausführung hat desselben gleich auf jenen folgender Aufsatz: De Projectione Sphaerae ad determinandam aream maxime idonea. Aus der Kugelfläche auf der Ebene eine Verzeichnung zu machen, an der man die Größe der verzeichneten Kugelfläche sogleich messen kann. Daß eine Abbildung, wie eine perspectivische, hier gar nicht kann verlangt werden, fällt in die Augen. Von des Hrn. Lorgna neuestem Vorschlage gebe ich eine besondere Nachricht. *)

19. Wer sich erinnert, daß die Erde keine vollkommne Kugel ist, dem kann leicht einfallen: Ob vielleicht die Abweichung von der Kugelgestalt auch bey Landcharten könne dargestellt werden?

20. Schon

*) M. f. das erste Stück dieser Annalen S. 49. (Note.)

20. Schon die länglichte Gestalt der Erde, welche Caſſini aus den Meſſungen in Frankreich geſchloſſen hatte, verſuchte man auf Landcharten darzuſtellen: Differtatio aftronomica de ratione corrigendi typos et calculos eclipſium folis et lunae, mapparumque geographicarum conſtructiones ab Aſtronomis et Geographis hactenus adhibitas in hypotheſ. telluris ſphaericae cum ipſa reapſe ſit figurae ſphaeroidalis, 1734; findet ſich auch im Commercio aſtronomico Noribergenſi T. I. n. 8. Der Verfaſſer iſt ein Jeſuit, P. *Nicaſius Grammatici*, Act. Erud. Lipſ. 1736. p. 189. Er ſucht die orthographiſche Projection, weil ſolche in der Aſtronomie gebraucht wird, ſagt aber darüber nur wenig und ſehr unvollſtändig.

21. Der deutſche Staatsgeographus ... nach den Grundſätzen der koſmographiſchen Geſellſchaft, vorgeſchlagen von den dirigirenden Mitgliedern der k. G. (1753) hat als eine zweyte Beylage Ge. Mor. Lowizens mathematiſche Vorſchrift von der rechtmäßigen Verfahrungsart die Länder zu meſſen und zu mappiren. Sie endigt ſich mit folgender Aufgabe: die Oberfläche eines Sphäroids, ſo auf eine platte Fläche zu zeichnen (zu projiciren), daß 1) alle unendlich kleine Räume (Elementa) der Verzeichnung (Projection) den übereinſtimmenden unendlich kleinen Räumchen auf der Oberfläche des Sphäroids ähnlich ſeyen, und daß 2) ſich die Meridiane und Parallelzirkel eben ſo wie auf der Sphäroid rechtwinklicht durchſchneiden, endlich aber 3) ſollen die Unterſchiede der ganz kleinen Theile der Verzeichnung und der Oberfläche der Sphäroid im Mittel der Charte am kleinſten ſeyn. Lowiz gibt dafür Formeln, ohne Beweis, ſelbſt ohne Figur; die letztere kann man freylich leicht ergänzen. Er erinnert, man bekomme die Formeln der ſtereographiſchen Horizontalprojection, wenn große und kleine Axe des Meridians auf dem elliptiſchen Sphäroid gleich geſetzt werden. Allerdings ſind die Bedingungen, welche er in der Aufgabe erzählt, eben die, welche man in der ſter. Hor. Pr. zu erfüllen ſucht.

22. Hn=

22. Hydrographische Charten nach der sphäroidischen Gestalt zu verzeichnen, lehrte Patrick Murdoch und berechnete Tafeln für die Gestalt, welche Maupertuis den lappländischen Messungen gemäß angab. Nouvelles Tables loxodromiques ou application de la Théorie de la veritable figure de la terre à la conſtruction des cartes marines reduites … par Mr. *Murdoch*; traduit de l'Anglois par Mr. *de Bremond*; Paris 1742.

23. Abhandlung über die geographische und orthographische Projection eines bey dem Pole zusammengedruckten Ellipsoids, wie auch über die Figur des Erdschattens bey Mondsfinsternissen, von Karl Scherffer, Priester, Doct. der Phil. und öffentl. Lehrer der höhern Mathem. a. d. Un. zu Wien, Wien 1778; giebt auch Vorschriften, wenn das Auge in die Fläche des Ellipsoids gesetzt wird, die Meridiane zu entwerfen. Seine Vorschriften erkennt er selbst für beschwerlich, und lehrt also darauf die Centralprojection eines Theils vom Sphäroid; ferner die orthographische. Seine Vorschriften sind bald geometrisch, bald in analytischen Zeichen ausgedruckt, ohngefähr wie der Vortrag in Hermanns Phoronomie. Das macht Unbequemlichkeit, die er selbst angeführtermaaßen bemerkt hat. Lowizens Formeln (21) scheinen mir brauchbarer. Am Ende erklärt Scherffer selbst, seine Untersuchung sey zur Vollkommenheit der Theorie wichtiger als für die Ausübung.

24) Land= oder Seecharten, für ein Sphäroid gezeichnet, erinnere ich mich nicht gesehen zu haben. Wer jetzo dergleichen verfertigen wollte, müßte unter den unterschiedenen Gestalten des Sphäroids wählen, die, immer andre und andre, aus den mehrmahligen Gradmessungen folgen.

Darstellung der Erde auf andern Flächen als Ebenen.

25. Ich erinnere mich, von Charten gelesen zu haben, welche, selbst gekrümmt, krumme Theile der Erdfläche darſtell=

darſtellten, und daher Buckelcharten genannt wurden. Ob dergleichen neuerlich ſind verfertigt worden, kann ich nicht ſagen.

26. Die bekannten Sternkegel konnten wol auch den Gedanken veranlaſſen, die beiden Halbkugeln der Erde auf zween Kegeln vorzuſtellen. Eine Abſicht der Stern‑ kegel fiel weg, in die Höhlung zu ſehen, denn begreiflich wird der Erde äußere Seite vorgeſtellt. Noch aber bliebe der ökonomiſche Vortheil, daß man Kegelnetze leichter aufziehen kann als Kugelnetze, und ſo ein paar Erdkegel leichter zu haben wären, als eine Erdkugel.

27. Die älteſte Nachricht von einer Ausführung dieſes Gedankens finde ich in: Historia Matheseos in Bohemia et Moravia cultae, a *Stanislao Wydra*, in Univ. R. Pra‑ gensi Matheseos Professore S. P. O. Pragae 1777. Balthaſar Conrad, ein Schleſier aus Neiß, trat im 16. Jahre ſeines Alters 1615. in den Jeſuiterorden, und ſtarb 1660. W. meldet von ihm S. 43. unter andern Dingen, die er herausgegeben: Novam tabularum chro‑ nographicarum rationem, editam ad specimen Tabulae utriusque Hemisphaerii in cono recto rectangulo, cuius basis est aequator terrae, vertex vero polus. Prag. 1650.

Chronographicarum iſt offenbar ein Schreibfehler, ſtatt chorographicarum. Uebrigens erhellet, daß Con‑ rads Erdkegel die Kugelfläche der Natur ſo gemäß dar‑ geſtellt haben, als ſich thun läßt, weil die Grundfläche der Aequator, die Spitze der Pol war. Daß eſt beym Wydra nicht etwa durch bedeutet zu überſetzen iſt, zeigt das Beywort des Kegels: rechtwinklicht; alſo machten die beiden Seiten in einer Ebene durch die Axe rechte Winkel, und die Höhe war ſo groß als der Halbmeſſer der Grundfläche.

28. Wenn man das Auge in den Mittelpunct der Grundfläche eines ſolchen Kegels ſetzt, und dieſe Stelle zugleich für den Mittelpunct einer Halbkugel annimt, de‑ ren Aequator die Grundfläche iſt, ſo läßt ſich die Halb‑

D kugel

Kugel völlig in der Bedeutung auf die Kegelfläche projiciren, wie sie bey der Polarprojection auf die Ebene des Aequators entworfen wird. Von den Vorschriften dazu rede ich in der Abhandlung: Fasciarum quibus globi obducuntur ex conis sphaerae circumscriptis constructio; (Commentationes Soc. R. Sc. Gott. T. I. ad ann. 1773.) Lemma III.

29. Da Conrad dergleichen natürliche Abbildung der Kugel auf dem Kegel 1650 geliefert hatte, so könnte man bewundern, daß viel später Sternkegel sind gemacht worden, die für den Durchmesser ihrer Grundfläche viel zu niedrig sind. Weil doch immer entschuldigen besser ist als tadeln, so läßt sich für Andrää's, Zimmermanns, selbst Junks ältere Sternkegel, das sagen: der Winkel, den zwo Seiten dieser Kegel in einer Ebene durch die Axe mit einander machen, ist größer als 112° 52', wie aus den Rechnungen in meiner vorhin angeführten Abhandlung erhellet. Man kann also in diesem so stumpfen Winkel die Sterne besser auseinander gesetzt sehen, als in einem rechten Winkel. Und das Auge hält man doch ohnedem nicht in den Mittelpunct der Grundfläche, also vermißt man die Vollkommenheit des rechtwinklichten Kegels nicht, und dem Auge, das in so einen stumpfwinklichten Kegel hineinsieht, erscheinen die Sterne immer genau genug in den gegenseitigen Lagen, wie es sie am Himmel wahrnimt.

30. Bey Vorstellungen der Erde aber, die man von aussen ansieht, wäre es anstößig, wenn der Pol bey weitem nicht so hoch über dem Aequator erhoben wäre, als der Halbmesser des Aequators betrüge. Ein solcher Kegel stellte ein Sphäroid vor, wäre es aber den (29) erwähnten Sternkegeln ähnlich: so bildete er ein Sphäroid ab, da die halbe Axe etwa 0,063 des Halbmessers vom Aequator wäre, oder der Halbmesser des Aequators 1,507 der halben Axe betrüge. So stark ist die Erde nicht zusammen gedruckt.

31. Mehr

31. Mehr Grund also, als die ältern Verfertiger der Sternkegel, hatte Conrad, seine Erdkegel rechtwinklicht zu machen. So sind auch die beschaffen, die Junk 1781 geliefert hat. Sternkegel dieser Art gab er schon 1777 mit den beiden Planiglobien (16), denen er eine Anweisung zur Kenntniß der Gestirne auf zwey Planiglobien und zween Sternkegeln beyfügt.

32. Der Hr. von Segner that in den Berliner Ephemeriden 1781, der Sammlung 81. Seite, Vorschläge zu einer besondern Art Landcharten. Die heisse Zone wird in einem Rechtecke verzeichnet, jede der gemäßigten in ein Trapezium, von dessen beiden parallelen Seiten die längste der langen Seite des Rechtecks ist, und jede der kalten in einen Kreis, dessen Umfang so lang ist als die kurzen der beiden Seiten des Trapeziums. Des Rechtecks kürzere Seiten stellen den Bogen des Meridians zwischen beiden Wendekreisen vor, und des Trapezium schiefe Seiten den zwischen dem Wendekreise und nächsten Polarkreise.

33. Auch als Landcharten haben diese Verzeichnungen die Bequemlichkeit, daß sie sich leicht verfertigen lassen und doch die Erdfläche ohngefähr darstellen. Hr. von Segner empfahl aber auch ferner, sie in einen Körper zusammen zu fügen. Die heisse Zone läßt sich in eine Cylinderfläche krümmen, daran kommen die beiden gemäßigten als Flächen abgekürzte Kegel, und die kalten schliessen den Körper als Kreisscheiben.

34. Diesen Gedanken hat Hr. Junk ebenfalls ausgeführt. Er lieferte 1780 dergleichen eckigte Vorstellungen der Erde, wo der Durchmesser des Aequators etwa 3, 6 Pariser Zoll beträgt, als ein Christgeschenk für Kinder. Sie haben Beyfall gefunden und veranlaßt, daß er auf Verfertigung größerer dergleichen Erdkörper gedacht hat, die auch nach seinem Tode sind vollendet worden, und im Durchmesser 10 Leipziger Zoll betragen.

D 2 Vierter

Vierter Abschnitt.
Die physikalische Geographie.

Erste Abtheilung.
Oberfläche der Erde.

Die Stützen aller geographischen Wissenschaften, nämlich die Lehren von der Figur, Größe und astronomischen Abtheilung der Erde, eben wie die Methoden, sie und ihre Theile auf einer Ebene richtig vorzustellen, hatten also seit dem uns vorgesetzten Zeitraum sehr wichtige Fortschritte gemacht. Diese waren, da sie fast gänzlich auf höhere Geometrie und Analyse sich gründeten, zugleich eine Scale des Fortgangs dieser Wissenschaften und also des tieferen menschlichen Denkens selbst. Wir kommen daher nun zu der Frage: was hatten hauptsächlich die Sinne, die Erfahrung, durch jene geleitet und durch Kühnheit und Gewinnsucht gespornt, für das Wachsthum der Kenntniß der Erdoberfläche gethan? wie viel kennen wir von der Erdrinde mehr, als vor dreißig Jahren? und wie hat sich dadurch das Verhältniß des Landes zu dem Wasser verändert? Diese Untersuchung begreift, wie man sieht, lediglich die Größe und Figur der unserm Wissen hinzugesetzten oder besser bestimmten Länder; sie macht den ersten Theil der Geschichte der physicalischen Geographie. Der zweite, also die nächstfolgende Abtheilung, trägt dann die übrigen neuen Entdeckungen dieser Wissenschaft vor. Sie erzählt, was wir von der Natur der Oberfläche selbst, und von ihren Veränderungen, von den Meeren und von den Gebirgen, mehr lernten, auch wie weit wir in den letzten Zeiten die Bestandtheile der Atmosphäre, ihre Höhe und ihre Bewegungen erforschten. Zuerst müssen wir also die Oberfläche der gesammten Erde überlaufen, wir müssen die wichtigsten seit unserer Zeit gemachten Reisen aufbieten, die vielen hundert dadurch entdeckten Inseln aufzählen, die besser bestimmten Continente, so weit es möglich

möglich ist, auszumessen, und aus allen diesen das letzte Verhältniß zwischen Land und Wasser festsetzen. Ich sehe mich genöthigt, hiebey die meisten Reisen kürzlich zu übersehen; es sey mir daher erlaubt, einige allgemeine Anmerkungen über die Reisen überhaupt voran zu schicken.

Versteht man unter Reisen nichts weiter, als das Verlassen seines Stammlandes aus irgend einer Ursache, so reiset der Wilde eben so gut, als der aufgeklärteste Europäer. Der Wilde sucht auf der Jagd seine Nahrung, dreißig, ja funfzig Meilen weit, und entfernt sich, um seiner edlen Rachbegierde freien Lauf zu lassen, um seines gleichen zu tödten, viele Monde weit von seiner Heimath. Auf die Weise reisen noch jezt die westlichen Canadier, und die Gothen und Gallier überschwemmten auf ähnliche Art vormals die cultivirten gesegneten Ebenen Italiens, eben wie noch jezt die nordischen Mäuse *), die Füchse von Kamtschatka, der Panther und die Hyäne von Afrika aus ihren Sitzen hervorbrechen, um für ihre überhandnehmende Menge mehrere oder bessere Nahrung aufzusuchen. Die Reisen, welche zum öffentlichen Morden oder zum Kriegen unternommen wurden, trugen indeß hin und wieder gleichfalls etwas zur bessern Kenntniß der Länder und Menschen bey; denn die Expedition des Alexanders, Cäsars und ähnlicher gescheuten kühnen Eroberer, gaben uns Licht über den damaligen Zustand von Asien, Gallien, Brittannien und Deutschland. Allein, einmal setzten ihre Unternehmungen doch schon einen hohen Grad von Cultur voraus, und dann waren die dadurch erlangten Kenntnisse, welche man von diesen in Reihen und Gliedern mordenden Räubern durch Millionen Leichen erkaufen mußte, bey weitem nicht so bedeutend, als selbst nur diejenigen, die der Trieb zum Gewinn uns darbot. Indem nämlich die Summe der nun durch Cultur und Luxus zu Bedürfniß gewordenen Dinge zunahm, stieg der Handel, und daher die Mischung der Natio-

*) Mus Lemmus Linn.

Nationen. Der Kaufmann unternahm weite Reisen, er war genöthigt, sich nach allen in fremden Ländern vorkommenden Dingen zu erkundigen, die Sitten der Fremden zu studiren, die Wege und Richtungen der Reise kennen zu lernen. Es erwuchs also aus seiner Reisemethode ein dreyfacher Gewinn für unser Wissen, es kamen ausländische Produkte in Umlauf, die entferntesten Nationen wurden mit einander bekannt, und die Lage der Länder wurde bestimmter. So wie man aber aus der Art zu zählen, besonders aus der Fähigkeit, größere Summen distinkt anzugeben, auch den mindern oder höhern Grad der Cultur schätzen kann: eben so verhält sich dies auch in Rücksicht der verschiedenen Methoden, die Weiten und Lagen der Orte zu bestimmen. Der Wilde findet, selbst ohne Beyhülfe der Sterne oder der Sonne, die Weltgegenden. Er bemerkt auf der Seite eines Baums, die mit Moos bedeckt oder davon frey geblieben ist, wo Norden oder Süden sey; er weiß, daß die concentrischen Kreise des innern Holzes an der kältern Seite näher zusammengedrängt liegen. Eben so kann er sich auf dem Meere bey weiten Expeditionen ziemlichermaßen helfen; die zu dieser oder jener Zeit wehenden Winde, die Veränderung der Farbe des Seewassers, die Verschiedenheit des Geflügels und der Fische führen ihn oftmals mehrere hundert Meilen weit sicher ins Meer. Die Caravanen der reisenden Kaufleute von Afrika messen durch die Länge der Zeit, durch den gewöhnlichen Schritt des Kameels, ihre Distanzen; dabey dienen ihren Führern in den unabsehlichen, sich aller Orten gleichbleibenden Sandwüsten die Sonne und wenige Sterne zur Richtung der Reise. Der auf sehr langen Strecken sich hin und wieder verändernde Boden, das durch das Wittern der Kameele zu entdeckende Quellwasser, die unter gewissen Breiten bestimmt eintretenden Regen, alles durch lange Erfahrungen der Anführer mit einander verbunden, führt die Caravanen über dreyhundert deutsche Meilen ins Innere des wundervollesten aller Welttheile.

Was

Was für ein unbegreiflicher Abstand der angeführten Reisemethoden von den unsrigen? Wie schnell und wie sicher geht jezt der Weltumsegler um die Erde, und mit was für Gewißheit und Genauigkeit giebt der Reisende zu Lande und zu Wasser jezt seinen Weg und die Lage der Orte gegen einander an °)? Man geht jezt in allen Jahrszeiten gegen den Monson nach China °°) und endigt öfters binnen 12 Monaten die Reise von Europa nach China und zurück. Bey allen dem ist es gar nicht unwahrscheinlich, daß viel ältere, weit über den Horizont der heutigen Geschichte hinausreichende Menschenracen, sehr wichtige und große Reisen unternommen haben, wovon wir nur noch die bald gänzlich verfallenden Bruchstücke übrig sehen. Nicht etwa blos die Atlantis des Plato, oder vielmehr der ägyptischen Priester, sondern die nun nach und nach wieder hervorkommenden Unglaublichkeiten des innern Indien und Afrika, zeugen, daß man oft viel zu rasch Geschichten, die uns zu weit aus dem Gesichtspuncte liegen, als Mährchen verdammte. Die Menschen mit spitzen Vorderköpfen, mit Tiegerzähnen, die Heuschrecken = und Menschenfresser, die doppelhörnigen Büren, die Füchse, die ihre Jungen zweymal gebären; Erzählungen, worüber wir den Plutarch, Pausanias und Herodot Lügen straften, bestätigen sich täglich mehr und mehr.

Wäre es einmal möglich, daß eine ungeheure Wasserfluth, oder irgend eine andere, weit um sich greifende, gewaltige Katastrophe, den größten Theil der heutigen Archive des menschlichen Wissens vernichtete: so entstünde daraus eine große Lücke in dem Fortgange unserer Kenntnisse, und die zufällig zurückgebliebenen Trümmern gäben die sonderbarsten Muthmaßungen über den ehmaligen Gang, oder vielmehr über das Springen der menschlichen Vernunft, an die Hand. Träfe man zum Beyspiel von

den

°) M. s. S. 35 u. f. Zuweilen kommen Schiffe in 7 Wochen vom Cap der guten Hoffnung nach Europa.
°°) Indem man bis gegen Java hinabgeht, zwischen Java und Borneo, nicht zwischen Sumatra und Borneo.

den vielen tausend verlohrnen wichtigen Werken, den Ptolemäus und Tobias Mayer, das einfache Triquetrum*) der Alten und einen richtig getheilten Quadranten von Ramsden, den Geographen von Nubien und den Gatterer, die Peutingersche Tafel und Danvillens Werke, den Periplus des Hanno und Cooks Reisen, zusammen unter dem Schutte begraben: so würde sich, angenommen, daß man zu der Entzifferung dieser Werke gelangt wäre, die sodann lebende Menschenrace mit uns heut zu Tage fast in gleicher Lage befinden. Denn man sage auch was man wolle, so bleibt es doch ähnlich unbegreiflich für uns, wie Thales und Pythagoras, die aus Egypten kamen, wo man das wahre Weltsystem, eben wie die Schiefe der Elliptik, kannte, wo man im Stande war die Pyramiden genau in den Meridian zu stellen, wie es möglich war, sage ich, daß jene beiden Philosophen dann zwey der ersten Elementarsätze der Geometrie noch zu erfinden nöthig hatten; wie Erastothenes und die Chaldäer, mit ihren schlechten Instrumenten, so weit sie uns bekannt geworden sind, die Erde genau maßen, und Herodot daneben über die Runde der Erde lachen konnte **); wie endlich die Brahmanen neben ihrer sonst lächerlichen Astronomie das große Jahr bestimmt hatten!

Doch diese Digression führt zu weit von unserm Zweck, und ich komme daher zu dem Fortgange und Werthe der neuern Reisen in Ansehung der Länderkunde zurück.

Zeigte unser Winkelmann zuerst den Litteratoren und reisenden Kunstliebhabern den wahren Weg, die Antiquitäten und die Classiker mit Geschmack und Anwendung auf die Geschichte der Kunst zu studiren: so thaten auf der andern Seite d'Anville, Büffon, Linné und Ferber, für die Geographie, Menschenkunde, Botanik und Mineralogie nicht weniger. Sie schufen diese Wissenschaften um, wandten sie von dem gewohnten, unsichern und unbedeu-

---

*) Ein astronomisches Werkzeug zum Höhenmessen, ein Dreyeck aus drey hölzernen Stäben, deren zwey in 60 Theile getheilt waren.
**) Herod. lib. IV. u. 36.

bedeutenden Wege auf den Nutzen des gemeinen Lebens und auf die Geschichte der Erde an. Diesen Männern haben wir fast alle Reisende von Wichtigkeit, die sich nachmals hervorthaten, zu verdanken. Nun war es nicht bloß der Kaufmann oder der müßige Reiche, der fremde Länder besuchte: sondern es bequemten sich, von jezt an, bedeutende Köpfe aller Art hierzu, entsagten ihrer angenehmen speculativen Muße, trozten den größten Gefahren, studirten fremde Nationen, fremde Produkte, jedes in seinem Vaterlande. Man sehe einmal jenseits unsern dreißig Jahren zurück, und nehme dann Bellon, Kämpfer, Dampier, Sloane, Pocock, Keysler nebst etwa noch ein paar an denn hinweg: so sind doch die Reisenden vormaliger Zeiten bey weitem nicht mit den heutigen zu messen. Ueberhaupt genommen hat aber der Norden hierin weit mehr als der ganze übrige Theil Europens gethan. Linne's Reisen dienten einem ganzen Heere seiner Schüler zum Muster, wonach sie beide Welten durchwanderten, und uns mehr davon kennen lehrten, als alle vergangene Jahrhunderte zusammengenommen. Hiedurch entstand dann jene Summe der lehrreichsten Reisen, wovon wir in der Folge weitere Nachricht geben werden.

Nun zuerst von dem heutigen Zuwachs der Länderkunde.

Die Entdeckungen der vergangnen drey lezten Jahrhunderte waren allerdings ausserordentlich groß. Die Spanier, oder vielmehr der Genuese Colon zeigte uns eine neue Halbkugel der Erde, die Portugiesen hatten fast zu gleicher und in den kurz nachher folgenden Zeiten, wenigstens eben so viel, ja fast größere Verdienste, um die Geographie und Nautik. Sie zeigten nicht nur den Weg nach Ostindien, unterjochten die Moluccen und fanden den Durchgang durch die Magellanstraße, sondern fast jede einzelne Küste von Afrika und Südasien trägt noch jezt in ihrem Namen das Gepräge dieser damals so hoch stehenden Nation.

Je eingeschränkter die Kenntnisse in irgend eine Richtung sind, desto mehr bleibt dem Forscher hinzuzusetzen übrig, desto leichter ist offenbar das Erfinden oder Entdecken des Neuen. Es ist also weit weniger merkwürdig, daß jene eben angezeigten Entdeckungen gemacht werden konnten, als daß unserm Jahrhunderte noch so viel zu entdecken übrig blieb; und daß hievon wirklich in diesen letzten dreißig Jahren so viel entdeckt ist.

Auffallend scheint mir hiebey aber noch folgendes. Die Spanier hatten bekanntlich schon in der Mitte des sechszehnten, und nachmals zu Anfange des siebenzehnten Jahrhunderts, durch Mendana und Quiros einen grossen Theil derjenigen Inseln der Südsee ausgefunden, die nur erst jetzt hinreichend bekannt geworden sind. Noch viel wichtigere Entdeckungen hatte Taomann für die Holländer bald nachher gemacht, da er die südliche Spitze von Neuholland und einen großen Theil von Neuseeland zuerst befuhr. Es scheint, sage ich, auffallend, daß weder die Entdecker selbst, noch sonst irgend eine europäische Seemacht, bis auf unsere Zeiten dies weiter benutzte, diese Entdeckungen weiter fortsetzte. Wahrscheinlich hatten beide Mächte, Spanien und Holland, damals so viele neue Länder zu besorgen, und die europäischen Angelegenheiten waren dabey selbst in großer Unruhe, so daß man mehr auf die Erhaltung des Erworbenen, als auf neue Erweiterungen der ausländischen Provinzen zu denken sich genöthigt sah. Allein die Sonderbarkeit, daß nachmals diese Entdeckungen so lange todt da lagen, wird wohl nur eigentlich dadurch begreiflich, daß Spanien und Holland sich bis jetzt das Eigenthumsrecht, die Meere der erwähnten Länder zu befahren, anzumaßen suchten, und daß die häufigen innern Unruhen eine gewisse Thatlosigkeit in Rücksicht so sehr weit entlegener Länder hervorbrachte.

So groß und umfangend aber auch die Entdeckungen der Spanier und Portugiesen jemals gewesen sind, so darf man

man dreist behaupten, daß diejenigen, welche seit dem siebenjährigen Kriege zu Stande gebracht wurden, ihnen wenigstens an Größe nicht sehr, und auch kaum an Wichtigkeit nachstehen, besonders wenn man hinzusetzt, daß die Genauigkeit der heutigen Bestimmung der Orte, selbst die älten Umrisse und Lagen der Länder, nun erst berichtigt und daher die erstern brauchbarer gemacht hat.

Um sich hievon zu überzeugen und in der natürlichsten Ordnung dasjenige aufzuzählen, was seit der angegebenen Zeit für die bessere Kenntniß der Erde geschehen ist, werde ich mit den nördlichsten Ländern anfangen. Das gegen den Pol zu am höchsten liegende Land, eine beträchtliche Insel, Spitzbergen, ward 1773 durch die Verdienste eines großen englischen Seemanns, des Lord Mulgrave, gegen Norden zu, gehörig bestimmt. Kühn drang er mitten unter ungeheure Eismassen, die ihn oft gefährlich einschlossen, bis zum 80° 37' nördlicher Breite. Seine Reise ist aber nicht nur dadurch wichtig, daß die spitzbergischen Küsten an sieben verschiedenen Orten astronomisch bestimmt wurden, wodurch das Land überhaupt eine andere Gestalt erhielt, sondern sie lehrte auch zugleich, daß, in dieser Richtung, schwerlich zu einer Fahrt in das eisfreie Meer Hoffnung übrig bleibe *). Die traurigen Inseln Spitzbergens, zum Theil von schroffem Marmor, ohne irgend einen menschlichen Fußtritt, nur von einigen Quadrupeden und Tausenden von Seevögeln bewohnt, fand der Lord Mulgrave im Sommer dennoch sehr heiß. Der dauernde nicht untergehende Sonnenstral, der Reflex desselben von dem Eise und

dem

---

*) Der Ammann Engel hat sich des Systems, gerade über den Nordpol hinzusegeln, heftig angenommen; m. s. seine Uebersetzung der Reise des Capit. Phipps (L. Mulgrave). Bern 1777. 4. nebst der Zugabe. Da Hrn. Engels Hypothese sich besonders auf die Unmöglichkeit des Gefrierens des Seewassers gründet, so ist dies jetzt hinreichend widerlegt. Indeß scheint das Höherhinaufkommen gegen den Pol nicht eben aus L. M. mislungenem Versuche widerlegt zu seyn, da einzelne, zufällige Eisschollen die sonst offne Fahrt versperren konnten. Auch sollen wirklich Schiffe bis auf 88° gekommen seyn.

dem Lande selbst, schmolz das Pech der Schiffe. Herr Forster bemerkt daher mit Recht, daß, da eine ähnliche Hitze unter gleichen Höhen, aber entgegengesetzten Breiten, im Süden nirgends zu finden sey, so gebe dies wieder einen Hauptbeweis gegen die Existenz eines großen Landes unweit des Südpols. Westlich dieser Inseln, und dabey etwas weiter vom Pole entfernt, haben wir in diesen Zeiten eine reiche Erndte geographischer Bestimmungen erhalten. Grönland nämlich ist uns, vorzüglich in Westen, durch schätzbare Nachrichten der sogenannten Brüder=Unität genauer bekannt geworden *). Dieser Gesellschaft, deren Missionairen an Thätigkeit, Selbstverleugnung und Menschenliebe, alle ähnliche Sendungen weit hinter sich lassen, haben wir eine umständliche, zuverlässige Nachricht von Grönlands Westseite, von dem Binnenlande und von seinen Bewohnern zu verdanken. Der unermüdliche Eifer dieser Menschenfreunde hat sie bewogen, dem dortigen fürchterlichen Clima und seinem ganzen Gefolge von Dürftigkeit und Elend so weit Trotz zu bieten, daß ihre wohlthätigen Niederlassungen sich bis zum 71sten Grade der Breite, ja noch höher, gegen Norden erstrecken. Cranz und seine Gehülfen haben die ganze Küste von mehr als 30 deutschen Meilen verzeichnet, und uns entschieden vergewissert, daß Grönland allerdings ein Theil von Nord=Amerika sey, und daß die Grönländer und Eskimaux von einem und eben demselben Stamme sind.

Der Capitain Pickersgill, ob er gleich vergeblich die nordwestliche Durchfahrt aufsuchte, bestimmte noch einige Theile von eben dieser Küste Grönlands, und setzte es dadurch noch weiter gegen Westen hinaus **).

So

*) Cranzens Nachrichten von Grönland, 2 B. 8. und der Anhang.
**) Pickersgills Reise in Philos. Transact. Vol. 78. auch lese man A concise Account of Voyages for the Discovery of a North-west Passage, London 1782. 8. Von Youngs Reise, die auf ähnlichen Absichten beruhete, ist wegen gänzlichen Fehlschlagens der Expedition nichts bekannt geworden.

So war durch diese neuern Reisen, in Rücksicht der westlichen Küste von Grönland, sehr viel geleistet, während daß die Ostküste für uns gänzlich verloren oder vielmehr unbekannt da lag. Nur erst 1786 und 1787 gelang es den dänischen Seeofficieren Egede und Rothe, sich mit vieler Mühe dieser Küste nähern zu können. Sie kamen das erstemal, im August, unter 60° 50′ N. Br. bis auf drey Meilen zu dem Lande; hier sahen sie ein großes aneinanderhangendes, trauriges Land; sie glaubten auch einige Vegetation darauf zu bemerken, allein die großen, sowol treibenden als festen Eisschollen zwangen sie diesmal ihre Untersuchungen aufzugeben. Die zweite Reise, welche im folgenden May unternommen wurde, war nicht viel belehrender. Sie kamen, den 18ten dieses Monats, bis 6 Meilen weit vom Lande. In der Breite von 65 54¼ bey 36° 51′ Länge vom Pariser Meridian gelangten sie zu einer weiten Bucht, aus welcher ein bedeutender Meeresarm sich sehr tief in das Land hinein erstreckte. Allein alle Mühe war, wegen des sie einschließenden Eises, vergebens, sich hiedurch dem Lande ferner zu nähern, und sie begnügten sich daher bloß mit einer möglichst genauen Abzeichnung der vor ihnen liegenden Küste. Wir haben diesen Untersuchungen indeß einige nicht unbedeutende Reisenachrichten und Karten *) hierüber zu verdanken, ob wir gleich im Ganzen dadurch nicht sehr viel weiter gekommen sind. Die berühmte Frage aber, ob diese Küste das ehemalige so berühmte Grönland, das alte Grönland sey, scheint mir jezt noch sehr zweifelhaft. Dies Land war

nämlich

---

*) 1. Voxende kort over Øster Groenland uitgivet af Egede, Kiobenhavn
2. Prospect af Øster Boygden paa Gamla Groenland.
3. Prospect af Øster Boygden paa Gamla Groenland. Blos die Profile.
Diese drey Karten kann man auch neben folgendem Werke gebrauchen. Reiseberetrivsele til Øster Groenland Opsagelte foretaget: Aarene 1786 og 1787. af Egede, Kiobenhavn 1789. 1. (2 S. Auch lese man be la Roche Gallichon Sendschreiben, betreffend die Wiederfindung des alten Grönlands, Kopenh. 1787. 8. 102 S.

nämlich noch vor nicht völlig viertehalb hundert Jahren in blühendem Zustande, seine Früchte aller Art waren die ausgesuchtesten, es waren schöne waldigte Gegenden dorten, und die christliche Gemeinde bestand aus mehr als 300 Ortschaften.

Sollte wirklich das Clima sich seit dieser Zeit so sehr verschlimmert, die Kälte alles verheert und unzugänglich gemacht haben? sollten die dünn gesäeten, elend bewaffneten Eskimaux im Stande gewesen seyn, so zahlreiche Europäer ganz aufzureiben? Vielleicht geben uns die Unternehmungen der Gesellschaft der Hudsonsbay und die der Südseegesellschaft bald mehrere Aufschlüsse über diese wichtigen Probleme, und ich eile nun zu den Darstellung desjenigen, was diese für die zunächst auf Grönland folgenden Länder in unsern Zeiten geleistet haben.

Westlich gegen Grönland über, kommen wir nun zu jenen berühmten Gegenden, die schon seit dem funfzehnten Jahrhundert ein Gegenstand kaufmännischer Untersuchungen und Speculationen gewesen sind. Es ist bekannt, daß England schon unter der Regierung des vorigen Königs, 20000 Pfund Sterling für die Entdeckung der nordwestlichen Durchfahrt in englischen Schiffen, und 5000 für denjenigen aussetzte, welcher bis zum 89sten Grade der Breite hinaufließ. Was für ein erstaunlicher Gewinnst wäre es auch für den handelnden Europäer, wenn er gerade durch die Hudsonsbay ins große Südmeer seine Waaren nach China, Japan, den Manillen, oder Bengalen verführen und von dort her holen könnte! Um einige tausend Meilen verkürzte er sich den Weg, entgienge auf die Weise der brennenden Zone, erhielte eben dadurch das Leben vieler tausend Seeleute, und gewönne viel schneller! Cabot, Forbisher, Davis, Middleton, und viele andere Seemänner, suchten freylich nach großer Anstrengung diese Durchfahrt vergeblich, allein dessen ungeachtet waren ihre

Bemü=

Bemühungen eben so wenig gänzlich unfruchtbar, als sie entschieden die Unmöglichkeit einer Durchfahrt ins Südmeer bewiesen. Wäre diese Durchfahrt in einer zu hohen Breite, so müßte sie stets unbedeutend bleiben. Dieser Fall ist indeß jezt wieder sehr wahrscheinlich geworden, da die Charten der canadischen Rauchhändler die Vermuthung des Capit. Middleton bestätigen, daß, von der Repulsebay gegen den 68sten Grad der Breite, ein wiewohl nur seichter Canal oder Arm des Meers zum Hyperboreischen oder Eismeere fortlaufe, also doch eine Verbindung da sey. Und gesetzt, die Durchfahrt wäre auch wirklich nirgend möglich, so wäre es dennoch fast eben so wichtig, wenn man durch ferneres Untersuchen solche Lagen der Länder entdeckte, bey welchen der Uebergang zu dem Südmeere nur durch so unbedeutende Hindernisse aufgehalten würde, daß die menschliche Kunst sie aus dem Wege räumen könnte. In wie weit man sich dieser Hoffnung genähert habe, werden die folgenden Auseinandersetzungen zeigen. Nach der letzten Reise der Capit. Smith und Moor, finden sich ausser den eben angeführten Beobachtungen des Capit. Pickersgill in der Davisstraße, noch neuere durch Capit. Charlesson. Er sahe eben dort im Julius 1787 ein unbekanntes Land, unter der Breite des Polarkreises. Tiefer herab haben wir dem berühmten Dalrymple eine Zurechtweisung zu verdanken, die im Grunde einer Entdeckung werth ist. Nur er fand durch genaue Vergleichung der jetzigen Charten mit den Original=Angaben des Forbisher, daß die sogenannte Forbisher=straße, unterhalb des Caps Elisabeth, nordlich der Resolutions=Insel liege. Es ist daher diese Straße das, was Davis nachmals Lumley Inlet genannt hat; die zu groß gezeichnete Insel des guten Glücks, hatte diesen Irrthum vermehrt. Diesmal hatte die Erdkunde also durchs Zurückgehen zu den alten Entdeckungen gewonnen, und wir werden nachmals sehen, daß ein ähnlicher, noch

wichti=

wichtigerer Fall, an der entgegengesetzten Seite von Amerika statt findet. Auf Befehl der Gesellschaft der Hudsonsbay that der Capit. Christopher 1761 und 1762 zwey Reisen vom Fort Churchill aus, zur Untersuchung der Hudsonsbay. Bey der letztern ward er durch Hrn. Norton in einem Cutter unterstützt. Sie untersuchten alle die Buchten, wo man noch Hoffnung zu einer Durchfahrt zu haben glaubte, besonders Pistolbay oder Rankin Inlet, wie auch Bowdens sonst Chesterfields Inlet. Keine gieng sehr tief ins Land, obgleich letztere viel tiefer als die erste. Diese endigte nach einem Abstand von 170 engl. Meilen, in einem See, der selbst über 20 Seemeilen Länge hatte, aller Orten vom festen Lande eingeschlossen war, und zuletzt, von Westen aus, ein kleines völlig unbefahrbares Flüßchen, worin vier starke Fälle vorkamen, aufnahm. So war denn freilich auch diese Untersuchung fruchtlos, allein dennoch lehrreich für die Erdkunde, denn die Lagen dieser Gegenden sind dadurch gänzlich geändert, wie dies die neue Weltcharte des Hrn. Arrowsmith darstellt.

Das für die Astronomie, wegen Beobachtung des Durchgangs der Venus, so glorreiche Jahr 1769 war nicht minder fruchtbar für die Geographie, besonders der nördlichen Polar-Länder. Hr. Wales, der als Astronom von England aus zur Hudsonsbay gesandt war, bestimmte dorten acht verschiedene Plätze, und noch überdies die Lage von Churchill, oder Prinz von Wallis Fort; das Fort York war aber von Hrn. Turnor, einem geschickten Geographen der Gesellschaft der Hudsonsbay, bestimmt. Diesem letztern haben die Gegenden von der Hudsonsbay und der westlicher liegenden Länder überhaupt sehr viel zu danken, er hat dort innerhalb der 54 und 47 Grade der Breite über dreyzehn Hauptpuncte der Oerter astronomisch bestimmt. Hiedurch kennen wir die Lage des bis jetzt westlichsten aller europäischen Etablissements, nemlich die Lage von Hudsonshaus, es liegt 53° 0' 32" N. Br. und 106° 21' 30" westl.

weſtl. Länge von Greenwich an dem Saſk-aſhawan-
Fluſſe, der in den Paſquia- und Winnipeg-See läuft.
Das Binnenland hat beſonders durch den berühmten
Hearn, jetzigen Gouverneur in Churchill, viel Aufklärung
für uns bekommen. Seine Reiſe gieng 1770 vom Churchill-
Fluſſe faſt ſtets längs einer Reihe kleinerer und größerer
Landſeen bis zum Kupfer-Fluſſe fort, der ſich unter dem
72ſten Grade der Breite bey 120° weſtl. Länge ins Eis-
meer ergießt. Er hatte bey dieſer Reiſe einen Quadran-
ten, womit er aber nur eine Beobachtung der Breite bey
Conge-ca-tha-wha-chaga angab; er entſchuldigte ſich,
nicht mehrere Angaben geliefert zu haben, durch einen
Zufall, der den Quadranten beſchädigte, indeß bleibt
die Reiſe ſtets ſehr wichtig, obgleich verſchiedene Angaben
zweifelhaft ſeyn mögen. Bey der Rückreiſe vom Eismeere nahm Hr. H. den Weg über den Aratapeſkow-
See, und beendigte auf die Weiſe eine Reiſe von 12
Graden der Breite und faſt 18 der Länge mit großer
Mühſeligkeit durch größtentheils unbekannte Gegenden.
Die Inſel im angeführten See legte er unter 122 Grad
weſtl. Länge nieder, allein Hr. Dalrymple glaubt mit
vieler Wahrſcheinlichkeit behaupten zu können, daß dieſe
Länge nur auf den 114ten Grad zu ſetzen ſey. Dann
wäre freilich ein noch weit größerer Raum von dort bis
zum Südmeere zu durchlaufen übrig. Eben ſo macht
Dalrymple einen bedeutenden Einwurf gegen die Rich-
tigkeit der Lage des Büffel-Sees; denn da dieſer faſt
unter dem 70° der Breite liegt, Hrn. Hearn zufolge,
ſo ſey dies wol für dieſe Thiere zu nördlich, zu kalt,
Grönland habe im 66ſten Grade faſt kein Gras. Einige
Erörterungen über dieſe Länder hat uns Hr. Umfreville
vor kurzem gegeben; er hat noch weiter gegen Weſten,
als Hudſonshouſe, gewohnt; aber doch faſt unter derſelben Breite; er hat uns mehr dort lebende Indianer
kennen gelehrt, die ihm berichteten, die ſteinigten Gebirge
wären nur 7 Tagereiſen von ſeiner Wohnung. Wenn
dieſe

diese von Norden nach Süden laufen, wie die Indianer behaupteten, so wäre wenigstens in dieser Breite wol schwerlich an ein gutes Durchbringen der Waaren zum Südmeere zu denken. Ebenfalls haben die Charten der canadischen Handelsgesellschaft, wovon wir nächstens weiter Nachricht erhalten werden, so unsicher auch ihre Angaben oft sind, dennoch über die Binnenländer einiges Licht verbreitet, nur setzen sie, eben wie Umfreville, die von ihnen besuchten Länder zu weit nach Westen hinaus. Ihre Charten lassen die steinigten Gebirge sich etwas mehr gen Osten biegen, und setzen westlich die Snake-Indianer gegen den 110ten Grad der Länge, da auf der Ostseite die Assiniboils wohnen.

Es ist merkwürdig, daß schon ältere Charten *) aus dem westlichen Theile dieser Gebirge, unter mehrern Flüssen, besonders einen sehr ansehnlichen entspringen lassen, der sich ins Südmeer ergießt, und der jetzt, nach sehr billigen Vermuthungen, ins sogenannte Westmeer des Juca und Duncan seinen Ausfluß hat **).

Tiefer gegen Süden haben wir dem Capit. Carver vieles zu verdanken. Er hat die Gegenden zwischen dem See Michigan und dem 98° der Länge, die Länder dort um den Mississippi und den Peters-Fluß, nebst den in ihn strömenden Marmor- und andern Flüssen kennen gelehrt, und er verdiente mit Recht, daß der Carvers-Fluß nach ihm benannt wurde, obgleich England seine überstandenen Drangsale reeller hätte belohnen sollen.

Nach allen diesen Entdeckungen bleiben noch sehr große Landstriche übrig, bis wir zum Südmeere vordringen werden. Ob wir nun Hoffnung haben, daß diese Länder bald von der entgegengesetzten Seite werden bekannt werden, dies wird die Aufzählung dessen, was

an

*) Amer. Atlas T. 2. Carvers allgemeine Charte.
**) Arrowsmith Map of the World.

an jener Küste seit einigen dreyßig Jahren gethan ist,
am besten aus einander setzen. Diese nordwestliche Küste
von Amerika fieng besonders seit der Zeit an bekannter
zu werden, da die Russen die Nachrichten der Tschutk-
schen und Koriäken benutzten. Unstreitig waren diese
lange zuvor schon von einem Continent zu dem andern
gegangen, ohne es zu wissen. Der berühmte Historiker
Rußlands, der Staatsrath Müller, bemühete sich 1758
die Entdeckungen des Gnosden (1730) mit denen von
Tchirikow und Beering (1741) nebst allen damaligen
Kenntnissen der Russen über die einander gegen über liegenden Extremitäten °) von Asien und Amerika darzustellen. 1766 erhielten wir eine Sammlung der Reisen
der Russen in diese Gegenden °°), und zwey Jahre
darauf gab Hr. Adelung eine allgemeine Geschichte der
Versuche aller seefahrenden Nationen, den Weg nach Japan über Nordost zu nehmen †). Größere Erläuterungen
aber über diese Gegenden brachte im Jahre 1775 die berühmte, ob zwar nur kleine, Charte des Hrn. v. Stählin
zuwege. Sie zeigte alle bamals entdeckten Inseln des
sogenannten Catharinen-Archipels ††). Man zog nach
dieser Bekanntmachung nun die alten Nachrichten der
Spanier mit zu Hülfe und bildete auf die Weise eine
Menge Systeme, wovon das jüngste stets für das bessere gehalten wurde. Robert de Vaugondy gab hierüber
zwey neue Charten und Abhandlungen heraus, deren

E 2 eine

°) Nouvelle Carte des decouvertes faites par des Vaisseaux Rus-
siens aux côtes inconnues de l'Amerique septentrion. avec
les pays adjacens &c. &c. St. Petersbourg à l'Acad. Imp.
1758. Der Graf Redern gab 1762 eine Weltcharte heraus, welche
diese Gegenden mit vieler Beurtheilung darstellt.

°°) Dumas Voyages et Decouvertes des Russes trad. de l'allem.
Amsterd. 1766.

†) Adelungs Geschichte ic. (wie oben) Halle 1768.

††) Das von den Russen 1765, 66 und 67 entdeckte Insel-Meer,
Stutgard 1757. nebst einer Charte.

eine die beiden Enden von Aſien und Amerika nebſt *)
den dazwiſchen liegenden Inſeln, die andere hingegen
alle Polarländer überhaupt bis zum 60ſten Grade ent‑
hielt **). Er bediente ſich hiebey mehrerer ſchwankenden
Angaben, z. B. der eines gereiſeten Wilden, Mountchatapé,
und der Reiſe des Capit. Clugny, der ſich rühmte, die
nordlichſte Küſte von Amerika, vom Südmeere aus, weit
hinauf befahren zu haben ***), auch ward darin das
Cap Schalaginskvi oder Szalatkoi der Ruſſen gänzlich
geleugnet, ja endlich Aſien um mehr denn 13 Grade der
Länge nach verkürzt; eine Idee, die der gelehrte Am‑
mann Engel noch weiter trieb. Dieſer Grille ſetzte Hr.
Buache de Neuville ein ſehr ſchätzbares Memoir entge‑
gen †), worinn er alle damaligen gültigen Entdeckungen
mit vieler Beurtheilung zuſammenſetzte und Aſien wieder
die gehörige Ausdehnung gab. In einer darauf folgen‑
den Charte ††) aber benutzte er die alten Angaben der
Spanier ſo gut, daß ſelbſt von den heutigen Entdeckun‑
gen vieles darinn ziemlich vorausgeſehen ſich zeiget.

Hr. Engel nahm indeß ſeine Lieblingsidee eines
warmen Nordpols bald wieder vor, und gab darüber ein
neues Syſtem dieſer Länder, da der Graf Buffon †††)
hingegen bewies, daß unſere Erde veralte, täglich kälter
werde, daß dieſes Erkalten mit den Polen anfange und
daß daher die Bemühungen, oben durch die Beerings‑
ſtraße eine Durchfahrt zu finden, wegen des ſie nun
gänzlich

---

*) Nouveau Syſteme geographique, par lequel on concilie les
anciennes connoiſſances ſur les Pays Nord‑Oueſt de l'Ame‑
rique, p. M. de Vaugondy, Paris 1774.

**) Eſſai d'une carte polaire arctique, p. R. de Vaug. Paris
1779.

***) Clugny the American Traveller, London 1769.

†) Memoir ſur les Pays de l'Aſie et de l'Amerique ſitués au
Nord de la Mer du Sud, p. Buache, Paris 1776.

††) Nouvelle Carte de la Partie ſeptentrionale du Globe &c. p.
B. de la Neuville. Paris 1781.

†††) Buffon Epoques de la Nat. T. II.

gänzlich versperrenden Eises unmöglich sey. Wirklich traf bey der deßhalb von Cook unternommenen Untersuchungsreise dieser Gegend zufällig die grillenhafte Weissagung des Grafen Buffon ein. Die Russen sind seit mehrern Jahren in diesem Meere frey hin und her gegangen, da dieses aber stets voll großer Eisschollen seyn muß, so ist es sehr leicht möglich, daß mehrere derselben sich in einer so engen Straße zusammenzwängen und die Fahrt versperren, während daß mildere Jahre, günstigere Winde, eben dieselbe Fahrt offen lassen. Auf die Weise hat schon der Herzog von Croy *) die Brauchbarkeit einer sehr hoch gelegenen wirklich existirenden Durchfahrt geleugnet. Eben daher darf man behaupten, daß die Durchfahrt, welche Maldonado **) im 70sten Grade der Breite gefunden haben soll, in so weit nicht von Erheblichkeit sey, weil das eine Schiff sie offen, ein anderes hingegen sie verschlossen finden kann.

Um eben diese Zeit erhielten wir nun durch den Hrn. Pallas richtigere Vorstellungen des entdeckten Catharinen-Archipels †); auch gab Hr. Coxe ein schätzbares Werk über die sämtlichen Entdeckungen der Russen in diesen Gewässern ††). Ich setze, um bey einer und derselben Nation zu bleiben, hierzu nun die nur erst vor drey Jahren bey der Akademie der Wissenschaften zu Petersburg fertig gewordene Generalcharte des russischen Reichs. Hierin sind weit weniger Inseln angegeben, als man, den vorher angeführten zufolge, hätte vermuthen sollen. Ihr zufolge finden sich nemlich von Kamtschatka

---

*) Memoire sur le Passage par le Nord, qui contient aussi des reflexions sur les Glaces, p. le Duc de Croy, Paris 1781.

**) de Lucque Historia politica de los Establissmentos ultramarinos, Madrid 1788. Tom. 6.

†) Pallas Neue Nord. Beyträge, T. III. 1.

††) Coxe Account of the Russian Discoveries between Asia and America, London 1780. 4.

schatka an bis zu der Insel Unimäck, welche an die Spitze von Alaschka (Anikrika) antritt, nur 34 Inseln, die amerikanischen Inseln Sannah, Nagos und Ungin nicht mit gerechnet; und es bleibt zwischen Kamtschatka und der ersten Insel Attu ein leerer Raum von mehr als 16 Graden der Länge, so daß Attu um einige Grade weiter nach Westen gerückt ist, als auf der Saikoffschen Charte des Pallas, woselbst die Anzahl der Inseln gleichfalls größer ist.

Jetzt kommen nun die großen Verdienste des unsterblichen Cook für diese Nordländer. Im März 1778 lief er von den Vorgebirgen Perpetua und Gregory zwischen dem 43 und 44° N. Br. längs den Küsten van Nordwest-Amerika hin, bis zum König Georgs Sund, dem jetzt so berühmten Nootka, unter 49° 36' Br. und 233° 28' östl. L. von Greenwich. Unter 48° 15' Br. benannte er ein Vorgebirge Cap Flattery, und nun, da er die Straße des de Juca aufsuchte, da er ganz nahe dabey war, sah er sich durch Wind und Wetter und durch die einfallende Nacht gezwungen, die Küste zu verlassen und das hohe Meer zu suchen. Himmel und Meer hielten ihn mit Ungestüm zurück, sich vor dem 56sten Grade der Breite der Küste hinreichend nähern zu dürfen, und hiedurch entgiengen ihm dann alle die sogleich anzuzeigenden wichtigen Entdeckungen. So zwangen die Elemente diesen größten Entdecker, spätern muthigen Seefahrern noch eine ehrenvolle Nachlese übrig zu lassen! Denn gerade binnen der von ihm vorübergesegelten Theile der Küste fällt sowohl die Straße des de Juca als die große Inselgruppe, die nun die über die Cooksche Reise gedruckten Nachrichten nur zu rasch leugneten.

Minder verzeihlich war es, daß Maurelle, ein spanischer Capitain, diese Entdeckungen verfehlte. Der Vicekönig von Mexico hatte bereits 1774 ein Schiff von

von Californien aus nordwestlich längs den Küsten zum Untersuchen hinauf gesandt, und im folgenden Jahre ward dies unter Anführung des Cap. Maurelle und des Fähndrich Perez, der die erste Reise mitgemacht hatte, wiederholt. Sie kamen bis zum 58sten Grade der Breite, machten sich mit den Einwohnern der Küsten bekannt, trafen auf eine neue Insel, I. de Dolores, und auf einige Häfen, verfehlten und leugneten aber daher den St. Lazarus-Archipel und die Einfahrt des de Juca und kamen in einigen Monaten zum Hafen St. Blas zurück *).

So wie Cook sich aber der Küste nur wieder nähern durfte, ward auch der ganze Strich, von dem angezeigten Grade an bis zum Eismeere hinauf, richtig niedergelegt, und erschien dadurch fast ganz neu gebildet. Es verwandelten sich nemlich mehrere Inseln in festes Land und umgekehrt; die weit hervorlaufende Erdzunge Alaschka ward genau bezeichnet und der geringste Abstand zwischen Asien und Amerika, die Beeringsstraße, auf $13\frac{1}{2}$ Seemeilen Weite bestimmt. Die äußerste Spitze von Amerika gegen Westen benannte er nach dem Prinzen von Wallis, und das schief entgegenstehende Vorgebirge Asiens hieß ihm das Ost-Cap. Bis auf $70\frac{1}{2}$ Grad befuhr Cook sodann, von gefährlichen Eisblöcken stets umgeben, das nördlichste Ende von Amerika, und nannte dessen äußersten Theil das Eis-Cap. So hatte er also, die kleineren aus Noth übergangenen Lücken, nebst dem Theile zwischen dem 60 und 63sten Grade der Breite, von Shoal Ness bis Point Shallow Water abgerechnet, diese ganze Küste von Cap Blanco bis zum Eis-Cap mit allen Ein- und Ausbiegungen verfolgt und geographisch niedergelegt. Der größeste Theil davon ward durch ihn erst entdeckt.

Die

*) Reise des Maurelle in Pallas N. N. Beytr. III. und IV.

Die Cookschen Reisen hatten aber nicht blos der Erdkunde großen Vortheil gestiftet, auch waren sie nicht allein deswegen unternommen. Der Handel gewinnt besonders von nun an außerordentlich durch das Bekanntwerden der nordwestlichen Küste von Amerika. Ein erstaunlicher Reichthum von treflichem Pelzwerke, großer Vorrath von Masten, Dielen, Pech und Theer, nebst einer wichtigen Fischerey längs den Küsten, lassen hoffen, daß England dadurch in den Stand gesetzt werden könne, den Chinesern ihren theuren Thee nicht mehr in Gelde, sondern in den eben benannten Waaren abzutragen. Diese Aussichten reizten denn nicht nur die Engländer im Mutterlande, sondern die viel näher liegenden englischen Etablissements in Bengalen, nebst einigen andern Nationen, machten daher die Nordwestküste von Amerika zu einer großen Handelsspeculation. Wirklich sind seit Cooks letzter Reise seit 1787 sich hierin über 16 Schiffe gefolgt, worunter außer den Engländern auch ein paar Schiffe der amerikanischen vereinigten Staaten, zwey Portugiesen und einige Spanier sich fanden.

Diejenigen Seecapitäne und Schiffer, die hiebey am meisten entdeckt oder berichtiget haben, und deshalb gekannt zu werden verdienen, sind: Portloc, Dixon, Mears, Douglas, Etches, Colnet, Duncan, Johnston und Berkly. Ihre wichtigsten Entdeckungen und Bestätigungen längs dieser Küste sind etwa folgende. Zwischen den 61 und 58sten Graden der Breite und 153 bis 140sten der Länge, die Insel Rose, die Handels- (Trading-) Bay, der Hafen Mulgrave. Wenig südlicher dabey gegen den 153sten Grad der Länge ward nun Whitsunday-Bay für eine Straße erkannt, wodurch Smoky-Bay vom Continente getrennt und zwischen letzterm, als dem festen Lande, eine Durchfahrt gefunden, die von ein paar Inseln gebildet wird, worauf das Kubjac der Russen ist; auf der neuesten
Charte

Charte heißt die größeste Insel Kishlac. Gegen über unter dem 57° Br. und 136° Länge fand man Pitts Insel, und eben dabey Portlocs und Haywaps Harbors. Zwey Grad tiefer gegen Süden bey 133½ Grad Länge fangen nun die beträchtlichen Entdeckungen der Capitäne Hanna und Dixon an. Der letzte fand hier zuerst Forrester Insel und gleich darunter nun Dixons große Straße, welche die große Insel der Königinn Charlotte hier bildete, eine Insel etwa so groß wie Irland, und welche der Cap. Hanna schon ein Jahr zuvor Neu-Irland genannt hat. Gleich oben an Dixons Straße fand sich der tiefe Einschnitt, Duncans Julet, woran zunächst Stephens Hafen unter 53½° Breite und 130° 12' W. Länge. Hierunter folgten dann nun die Princessinnen-Inseln, die tiefen Einschnitte des Nepean Sund, Middleton und Calverts Julet. Diese Insel nebst der von Banks und die beiden großen der Königinn Charlotte bilden hier einen eignen Archipel, den man besonders dem Cap. Duncan zu verdanken hat, und er ist höchst wahrscheinlich der bisher für erdichtet gehaltene St. Lazarus-Archipel, von welchem wegen der tiefen Einschnitte ins Binnenland noch viel zu hoffen ist. Zwischen obigen Küsten und Nutka Sund folgten sodann, durch Cap. Johnston, Trinity Julet und Port Brooks.

Gleich unter Nutka fanden sich Portloc und Berkley Sund, und hierauf folgt die lange verfehlte Meerenge des de Fuca. Sie liegt unter dem 48° 37' Breite und 124° 54' W. Länge. Der griechische Seemann hatte sie 1593 durch einen thurmähnlichen, spitzen, hoch hervorstehenden Felsen so genau bezeichnet, daß dieser sie auch noch jetzt unverkennbar macht, und nun der Pinnacle Roc auf den Charten heißt. Ihre Mündung hat auf der einen Seite das Cap Claset und auf der andern die grüne Insel, und die dortigen Indianer bezeugen, daß östlich nun ein großes Meer anfinge, dessen Ende sie nicht kenneten. So ist also wahrscheinlich

das

das gesuchte und verkannte Westmeer dann dort wieder=
gefunden. Der St. Lazarus=Archipel und dieses Meer
müssen uns künftig desto vorsichtiger machen, ältere
Schiffsnachrichten nicht sogleich zu verdammen. Da
hier so tiefe Einschnitte ins Binnenland gehen, da auf
der andern Seite die canadischen Rauhhändler und die
Gesellschaft der Hudsonsbay bis auf 700 Meilen, wenn
anders Umfrevilleo Angabe nicht übertrieben ist, von
dem großen Pasqulaflusse gegen Westen zu vorgedrungen
seyn soll, so kann die Weite der noch zu übersteigenden
Hindernisse, nun von Osten aus ins große Südmeer zu
kommen, unmöglich mehr ansehnlich seyn. Wäre sie
aber auch nur 25 bis 30 deutsche Meilen, so würden
dennoch höchst beschwerliche Hindernisse im Wege stehen,
wenn die steinigten Gebirge (Stony Mountains) wirklich
geradezu von Norden nach Süden, also als aneinander=
hängende Kette der Cordilleren fortlaufen. Einige neueste
Geographen, ich weiß nicht mit wie viel Recht oder
Unrecht, haben unter 47½ Grad der Breite den Fluß
Oregan bey den Nadowessis Indianern entspringen lassen
und ihn schon bis zu dem neuen noch ungewissen Westsee
fortgeführt. Ob diese Conjectur sich bestätigt, muß die
Zeit lehren; allein selbst wenn sich dies so fände, so
wären dennoch stets die Kettengebirge zu überwältigen,
aus welchen der Fluß entspringt.

Die hier angezeigten frühern Unternehmungen der
Engländer haben Frankreich angespornt, 1785 ähnliche
Untersuchungsreisen von neuem unternehmen zu lassen.
Der berühmte la Peyrouse war deßhalb in Gesellschaft
des Cap. de Langle ausgesandt. 1788 hatten sie das
Unglück, daß de Langle auf einer der Schiffer=Inseln
im Südmeere erschlagen ward, und da wir seit einigen
Jahren keine Nachricht von dem zwoten Schiffe haben,
so muß man mit Recht sehr für den edlen Anführer
fürchten.

Die

Die Wichtigkeit und die Neuheit der eben erwähnten Entdeckungen hat uns schon zu lange aufgehalten. Ich setze daher, weil hier gerade die Rede von Nordamerika ist, noch kürzlich das hinzu, was die etwas südlicher liegenden Länder dieses Welttheils angeht. Labrador, Neuland (Neufoundland), Canada und die neuvereinigten freien Provinzen haben, besonders seit der Trennung der letztern vom Mutterlande, eine ganz andere Gestalt gewonnen. Die großen zuverläßigsten Sammlungen, worinn sich die neuesten Verbesserungen fast der gesammten Länderkunde von Nordamerika befinden, sind erstlich der amerikanische Atlas. Er enthält vereinigt die Arbeiten der Herren Holland, Pownal, Chabert, Brassier, Cook, Evans, Scull und anderer guten Ingenieure und Seecapitäne, und besteht aus 49 Blatt. Es kommen darinn auch bis dahin die besten General=Charten von Südamerika, theils nach dem Danville, theils nach spanischen Charten von Olmedilla, verbessert vor *). Der Herausgeber und Sammler des Ganzen war der englische Geograph Thomas Jefferys.

Hierauf folgte zwey Jahre nachher der Seeatlas des Desbarres. Er übertrifft an Schönheit des Stichs alles, was nur bisher bekannt ist, gründet sich auf Hollands, Cooks und anderer zum Theil schon angeführter Geographen Messungen. Dieser Atlantic Neptune ist auf Befehl der Regierung bekannt gemacht und besteht aus 120 treflichen Charten; schade, daß die Pracht und Feinheit des Werks es für zu wenige brauchbar macht **).

1780

*) The American Atlas or geographical description of the whole Continent of America &c. and chiefly the british Colonies composed from numerous Surveys by Major Holland, Evans, Scull, Mouzon, Cook &c. &c. engraved on 49 Copper-Plates, by the late Th. Jefferys, Geographer to the King. London by Sayer 1776. Die ersten 27 Blatt gehören lediglich für Nordamerika. Das Exemplar, welches vor uns liegt, hat nur 30 Nummern.

**) Da wahrscheinlich wenige meiner Leser dieses theure Werk kennen, (es kostet 20 Guineen,) so setze ich hier die Titel ganz her. Der
allge=

1780 trat gleichfalls eine vortreflihe Sammlung franzöſiſcher Charten ans Licht; ſie begreift gleichfalls eben dieſe Gegenden und beruhet ebenfalls auf die genaueſten Obſervationen der berühmteſten franzöſiſchen und fremden Seemänner; ihr Titel iſt: Neptune Americaſeptentrional publié par ordre du Roi, Paris 1780.

Ich wende mich nun zu den noch übrigen Polarländern der alten Welt. Hier kommt zuerſt das ſo nahe an Amerika gränzende ruſſiſche Aſien vor. Um zu ſehen, wie viel hierinn unſere geographiſche Kenntniſſe weiter gekommen ſind, vergleiche man nur den alten Atlas von Rußland, den die Akademie der Wiſſenſchaften 1745 herausgab, mit ihren heutigen Charten. Selbſt die

---

[23] allgemeine Titel iſt: The Atlantic Neptune, publiſhed for the uſe of the Roy. Navy of Gr. Britain, by Joseph F. W. Desbarres Esq. under the direction of the Right honbl. the Lords Commiſſioners of the Admirality. Sunt ingeniorum monumenta quae ſaeculis probantur. Vol. I. London 1778. Dann kommt ein Special-Titel dieſer Abtheilung: The Sea Coaſt of Nova Scotia. In dieſer Abtheilung ſind 73 Charten. Die zweite Abtheilung hat den Titel: Charts of the coaſts and harbours of New England compoſed and engraved by Jos. Fred. Wallet Desbarres, Esq. in conſequence of an application of the R. honbl. Lord Viſcount Howe, Commander in Chief of His Majeſty Ships in North-America, from the Surveys taken by Samuel Holland, Surveyor General of Lands and his aſſiſtants who have been employd on that ſervice ſince the year 1764. Dieſer Band enthält 22 Charten, nebſt einer eignen Charte für die Eroberung von Longs-Island. Der dritten Abtheilung Titel iſt: Charts of the coaſts and harbours in the Gulph and River of St. Laurence from the Surveys taken by Major Holland &c. purſuant to orders from the R. honbl. Lords Commiſſioners of Trade and Plantations in the years 1765, 6, 7 and 68, compoſed and publiſhed by Command of Government for the uſe of the Roy. Navy, by F. W. Desbarres. 1780. 16 Charten. Der vierte Theil hat 15 Charten hinter folgendem Titel: Charts of ſeveral harbours and divers parts of the Coaſt of North-America from New-York ſouth-weſtward, to the Gulph of Mexico collected from Surveys depoſited at the office of the R. honbl. Lords Commiſſ. F. Tr. and Plant. compoſed and publ. by C⸺m. of the Govern. f. the uſe of the R. N. of Gr. Br. by J. F. W. Desbarres, 1780.

23 Jahre nachher von dem berühmten Büsching herausgegebene General-Charte Rußlands, war schon weit vorzüglicher, und diese ward wiederum von der 1776 durch Trescot und Schmidt herausgegebenen übertroffen. Alle diese sind indeß nicht mit der letztern von 1787 durch die Akademie bekannt gemachten neuesten General-Charten zu vergleichen *). Ihr Vorzug in mehrerer Rücksicht ist bereits in diesen Annalen angezeigt; besonders haben auch die Küsten längs dem Eismeere dabey gewonnen. So sieht man vorzüglich den Unterschied von dem 59sten Grade der Breite bey Kamtschatka an bis rund um Asien herum gegen Tzaud Kujuschen Meerbusen hin. Auch sind die Kurilen, vorzüglich die südlichern, durch die 1777 und 78 vorgenommenen Reisen des russischen Seemanns Petroszkoff verändert worden.

Es wäre zu umständlich, hier aller der Special-Charten zu erwähnen, welche seit 30 Jahren durch die großen Unternehmungen der jetzt regierenden Kaiserinn zu Stande gebracht sind. Ihr Eifer für die Länderkunde läßt sich besonders aus den Reisen der Herren Pallas, Gmelin, Falk, Güldenstedt, Lowiz, Jolentef, Lepechin, und vieler andern abnehmen. Indeß ist dies alles bey der ungeheuren Ländermasse freilich noch nicht hinreichend. Möchte doch bald nur ein Theil der Kosten, welcher auf Krieg und Blut gewandt wird, zur Cultur der unabsehlichen Staaten und zum Wiederaufblühen der verwaiseten Wissenschaften aller Art, angewandt werden können! denn wer achtet veröbete Länder, ohne Menschen, ohne Kenntniß, ohne Leben! Schwedens trefliche Einrichtung für die Geographie ihres Vaterlandes zeigt sich besonders durch die vielen neuen Charten, welche das sogenannte Landmesser-Comtoir fortdauernd bekannt macht. Auch haben seine Astronomen, z. B. Planmann,
Hellant,

*) Nova Tabula Imp. Russici 1787. m. s. Geogr. Annalen 1. St.
S. 84. u. f.

Hellant, Mallet, Wargentin und viele andere vorzügliche Männer, sich der Berichtigung der Ortbestimmung aufs thätigste angenommen.

Eben so haben besonders in den letztern Jahren die Herren Bugge und Lous, ferner Hamer, Wessel, Skanke, Warberg u. A. sehr schätzbare Charten über Norwegen und Dänemark geliefert und alle diese Länder berichtigt. Es wäre zu ermüdend, alle die einzelnen Charten, welche größtentheils davon vor mir liegen, anzuzeigen. Island hat aber durch Olafson und Paulsen eben sowohl als durch die Herren Banks und Troil, nachmals durch Hrn. Eggers, und letzthin durch Hrn. Stanley so viel Erläuterung erhalten, sowohl in Rücksicht der Lage seiner Theile, als in Ansehung ihrer merkwürdigen Natur, daß uns jetzt wirklich wenige Länder besser bekannt sind, als diese merkwürdige Insel.

Wir verlassen nun die kalte, ödere Erde, und gehen zu der Geographie der belebtern Zonen hinunter.

Hierbey dienen mehrere, schon zuvor bey dem Abschnitte von der Länge und Breite benutzte, Arbeiten.

Die dort angezeigte Reise der Herren de Borda und Pingré bestimmte nicht nur mehrere Küsten Dänemarks, eben wie die Inseln Feroe, Shetland *), Island und Neuland (Terre neuve), sondern gleichfalls, gegen Süden, Madeira; die canarischen und die zwischen beiden gelegenen Salvages-Inseln **); ferner die des grünen Vorgebirges ***); sodann Goree, mehrere der Antillen, z. B. St. Domingo †), Guadeloupe nebst vielen kleinern ††).

Eben

---

*) Voyage fait par ordre du Roi &c. par Meſſ. de Verdun de la Crenne, Borda et Pingré, Paris 1778. I. Vol. Cap. 17.
**) Ebend. Cap. 13.
***) Ebend. Cap. 3.
†) Ebend. Cap. 5. 9. 10. und 16.
††) z. B. Inagua, die Mirapervos u. a.

Eben so wichtig für die genauere Gränzkunde dieser Gegenden war jene andere Reise der Franzosen, deren gleichfalls schon oben Erwähnung geschehen ist, nämlich die des Capit. Fleurieu*) und des Hrn. Pingré. Sie berichtigte die Bellingischen Seecharten, durch genauere Bestimmung der Barlingen, der Stadt Cadix, der Küste Spaniens von dort aus bis la Roquettas; die gegenüber liegenden Küsten von Afrika bis zum Senegal hinunter; die Azoren**) und mehrere Hauptpunkte der westindischen Inseln ***). Aus allen diesen Angaben erwuchs eine beträchtliche Tafel der Längen und Breiten †) wie auch eine schätzbare, sehr verbesserte Seecharte des westlichen Oceans, die selbst bis in der großen Fischerbank von Neuland (Torre neuve) hinaufgeht. ††)

Spanien hatte noch überdieß die Lage seiner Küsten, eben wie die von seinen europäischen Inseln berichtigen lassen, und davon durch Tosino bessere Charten gegeben; von seiner ganzen Reise hingegen hatte Lopez einen bedeutenden Atlas geliefert. Frankreich war nun mit dem treflichen in seiner Art bis jetzt einzigen Atlas seines ganzen Reichs, der schon seit 1740 angefangen war, zu Stande gekommen. Dieses Meisterwerk des berühmten Cassini und seiner Familie gehört wieder zu den Monumenten der Vorzeit, die doch stets beweisen, daß die jetzt so hoch verschrieenen Könige nicht durchaus nur schlechten Gebrauch von ihren Kräften gemacht haben †††). Es hatte daneben mehrere

*) Voyage fait par ordre du Roi en 1768 et 1769 &c. &c. par Mr. d'Eveux de Fleurieu. Paris 1774. 2 Tomes. 4to.
**) Besonders Corvo und Flores.
***) Auf St. Domingo die Lage von Cap Français.
†) Ebend. p. 726. Table des longitudes et latitudes dans l'Ocean entre 14° - - 47° lat. et 2° - - 76° long. occ. de Paris.
††) Carte nouvelle reduite de l'Ocean Atlantique ou occidentale, comprenant les Isles Açores, Madera; les Canaries; du Cap verd; les Antilles et le grand banc de Terre neuve.
†††) Atlas topographique de la France levée et publiée par ordre du Roi sous la direction de Mrs. Cassini de Thury, Camus de Montigny; en 175 feuilles, y compris la Carte

mehrere seiner besten Flottenofficiere zur genaueren Aufnahme des mittelländischen Meeres ausgesandt. Hieraus war ein ganz vorzüglicher Atlas de la Méditerranée erwachsen, woran seit mehrern Jahren gearbeitet wurde, der aber leider anjetzt unterbrochen und zurückgeblieben ist.

Die westlichsten Theile des atlantischen Meeres, die Küsten von und um Florida hatten durch die Engländer und Franzosen bessere Charten bekommen *); und jene Reisen zur Prüfung der Längen gaben Gelegenheit zur Berichtigung der Umrisse des englischen Westindiens **). Für die innern Gegenden dieses Theils des westlichen festen Landes haben Carver, de Pages u. A. Verdienste; aber hier ist hauptsächlich von der Lage der Umrisse die Rede. Daher gehören die häufigen Landreisen innerhalb der Freistaaten von Nordamerika und Mexico nicht so sehr hieher. Hingegen verdient hier ein Mann genannt zu werden, der bey vieler anscheinender Flüchtigkeit dennoch der Geographie manches Brauchbare geliefert hat. Dieser ist der Abt Chappe' d'Auteroche, der sich schon durch seine sonderbaren Reisenachrichten von Sibirien so berüchtigt gemacht hatte. Er ging 1769 zu einer abermaligen Beobachtung des Durchgangs der Venus durch die Sonne nach Californien. Auf dieser Reise bestimmte er außer der Lage verschiedener Orte des Binnenlandes besonders die von St. Joseph, und also dadurch zum Theil die Lage der Halbinsel selbst ***). Traurig bleibt stets der sogleich
nach

―――――――――

Carte générale. Die Messungen aller Dreyecke (das Netz), worauf sie beruhet, macht eine eigene Charte aus. Man gab daneben bey jeder Charte ein eigenes Verzeichniß aller Pfarren (paroisses) aus.

*) M. s. die Charten von Florida im American Atlas.
**) Geograph. Annalen 2tes St.
***) Voyage en Californie par feu Mr. l'Abbé Chappé d'Auteroche, redigé et publié par Mr. Cassini le fils. Paris 1772. 4. Der Abt machte die Observation des Durchgangs mit großer Genauigkeit, obgleich er schon schwer krank war und bald darauf starb. Es waren 25000 Menschen damals in Mexico gestorben.

nach der Observation selbst erfolgte Tod dieses freilich sonderbaren, aber stets geschickten Mannes, denn wir haben dadurch ein bedeutendes Werk über Mexico verloren,

Mit durch diese Observation ist indeß doch eine der besten Charten von der Statthalterschaft Mexico entstanden, welche D. Joseph de Alzate y Ramirez der Pariser Akademie der Wissenschaften vorlegte.

Für die südlicher als der Senegal liegenden Westküsten von Afrika haben mehrere englische Seefahrer brauchbare Observationen geliefert. Besonders **Woodville, Dalzel, Mathews, Young** und **Norris**. Hierdurch sind verschiedene Charten von der ganzen Küste von Guinea in England zu Stande gekommen, von welchen die, so ich vor mir habe, sicher unter die besten Charten überhaupt gehören. Sind gleich die Messungen des berühmten la Caille, am Vorgebirge der guten Hoffnung, etwas früher, als in dem hier angesetzten Zeitraume, vorgenommen und der Pariser Akademie vorgelegt worden, so kam dennoch die Reise=Nachricht, worin sich gleichfalls die neue Charte vom Cap befindet, nur erst 1763 zur Publicität*). Nachmals gab uns der Schüler des großen Linné, Herr Sparmann, vorzügliche Erläuterungen über die Binnenländer des Caps. Schade, daß seine Reise größtentheils nur solche Theile derselben traf, die nicht weit von den Küsten entfernt lagen. Aber über diese hat allerdings seine Charte mehr Verdienste als die seiner Vorgänger, und ist bis jetzt, so lange die unbillige

---

*) de la Caille journal historique du Voyage fait au Cap de B. Esper. &c. Paris 1776. nebst einer Charte.

Diese Charte des la Caille hat auch Dalrymple in seine große Sammlung aufgenommen, nemlich in dem neuesten Werke von diesem Jahre, unter dem Titel: Collection of Papers concerning the navigation, winds and weather of the french Islands Mauritius and Bourbon, by A. Dalrymple. London 1794. 4. Die 2te Charte.

lige Politik der Holländer noch stets im Verheimlichen besteht, diejenige, welche uns, besonders in der Richtung gegen Osten, am meisten kennen lehrt *).

Den Beobachtungen eben jenes unermüdlichen la Caille haben wir, außer den wichtigen Entdeckungen am südlichen Himmel, die richtigere Lage der untersten Spitze von Afrika, und zugleich der südwestlich davon gelegenen Insel Frankreich (Isle de France), zu verdanken, wovon er denn eine eigene neue Charte lieferte. Der Abt Rochon ward nachmals zur Beobachtung des Durchgangs der Venus nach Indien gesandt. Er hielt sich in den französischen Besitzungen eben dieser afrikanischen Gewässer auf, und dieß gab Gelegenheit, die Inseln Mahe (Sechelles) und andere nahe gelegene genauer niederzulegen.

Hierdurch ward der übrigens treffliche Seeatlas des Herrn d'Apres de Manivellette der indischen Meere für die Inseln dieser Gewässer berichtigt, ob dies gleich von Seiten des Astronomen wol mit minderer Bitterkeit hätte geschehen können **).

Auch die Ostküste von Afrika ist, seitdem die englische ostindische Compagnie sich oftmals den Weg über das rothe Meer gewählt hat, ungleich bestimmter bekannt

---

*) Sparmans Reise nach dem Vorgebirge der guten Hoffnung, übers. von Groskurd, Berlin 1784; auch Menzels Beschreibung des Vorgebirges der guten Hoffnung, Glogau 1785; eben wie die Hopschen Nachrichten, welche in Amsterdam mit vielen Kupfern herauskamen, gehören hieher.

**) Neptune Oriental, ou Atlas des Indes Orientales & de la Chine, contenant des Cartes hydrographiques, tant generales que particulieres, pour la Navigation &c. p. Mr. d'Aprés de Manivellette, Capitaine des vaisseaux de la Comp. des Indes, Paris 1741. Diese erste Ausgabe von 26 Blatt erhielt 1753 ein Supplement von 4 Charten, und 1775 erschien eine neue Ausgabe des Ganzen. In der Reise des Abt Rochon (in. s. diese Annal. 2. Jahrg.) scheint sichtlich ein Partheygeist des Astronomen der Akademie gegen die Hydrographen der ostind. Compagnie.

kannt geworden. Indeß haben freilich nur hauptsächlich diejenigen Küsten von Afrika hierdurch gewonnen, welche auf diesem Wege vorkommen, und der große Strich, vom Cap der guten Hoffnung an, bis zur Meerenge von Babelmandel, bleibt noch stets sehr mangelhaft zurück. Aber von dort an bis nach Suez sind durch die Bemühungen mehrerer Engländer, z. B. Seton, ferner des Capitain des Delphins, eben wie des Capitain Irvin, und besonders Herrn Capper, hierüber sehr schätzbare Charten zu Stande gebracht worden *), die auch unter uns Deutschen bekannter zu seyn verdienten.

Große Verdienste um die Kunde des rothen Meers und der anliegenden Länder hat denn besonders Carsten Niebuhr. Dieser vorzügliche Mann, der einzige Ueberrest der arabischen Expedition des großen Bernstorfs, gab nach seiner Zurückkunft in dreyen Werken **) die wichtigsten Beyträge zur Länderkunde des Orients. Hierin sind nicht nur Bestimmungen mehrerer Orte vom rothen Meere, sondern trefliche Charten von Arabien, vom persischen Meerbusen und von vielen Theilen Indiens selbst. Er hat den großen Weg, von Malta und Constantinopel an bis nach Bombay und Surate, gleichsam neu verzeichnet.

Auf diesen deutschen Geographen folgen, der Zeit nach, zwey Engländer, Männer von den ausgezeichnetsten Verdiensten für die Länderkunde Indiens, nemlich

Herr

---

*) Eine der vorzüglichsten Charten hiervon ist die Cappersche von la Rochette in 4 Blatt, unter dem Titel: A Map of the Arabian gulf or red Sea London 1781. Capper hat sie hauptsächlich berichtigt.

**) 1. Carsten Niebuhr Beschreibung von Arabien, Kopenhagen 1772. 4. Hiebey auch die Charten von Yemen, dem persischen Meerbusen u. a.

2. C. Niebuhrs Reisebeschreibung nach Arabien und andern umliegenden Ländern, 1. Band, Kopenhagen 1774.

3. Derselben 2ter Band, Nov. 1775. 4.

Herr James Rennel und Alexander Dalrymple. Beide waren lange in Ostindien gewesen, Beide waren vorzügliche Geometere, und Beiden lag die Geographie des reichen, und zum Theile noch völlig unbekannten, Ostindiens ganz besonders ob.

Schon 1781 gab Herr Rennel, Ingenieur=Geograph in Diensten der englisch=ostindischen Compagnie, ein vorzügliches Memoir über den Lauf des Baramputer, eines sehr großen aber weniger als der Ganges bekannten Flusses *). Hierdurch erhielt man zugleich über die Gegenden, welche er bewässert, schöne Nachrichten; allein im folgenden Jahre erschien sein für ganz Ostindien weit bedeutenderes Werk, nemlich der Bengal Atlas, in zwey verschiedenen Formaten **); er hatte eine große Menge eigener Messungen zum Grunde. Gleich darauf (1783) trat das trefliche Memoir of a Map of Hindostan nebst einer schönen Karte von zwey Blatt ans Licht; und schon allein dieß Werk erhob den Verfasser zu einem der ersten Geographen Indiens. Indeß war bald nachher das umständliche Werk des Jesuiten Tieffenthaler durch die rühmliche Bemühung des Herrn Pr. Bernouilli, bekannt geworden ***); hierinn kamen über den Ganges, und besonders den Gogra, verschiedene neue Aufschlüsse vor. Ferner hatten mehrere englische Officiere, z. B. Huddard, Pearse, Fullarton, Smith, Goddard u. a. bey Gelegenheit des Krieges gegen Tippo Saib, viele Messungen im Innern des Landes vorgenommen, und bisher unbekannte Gegenden genauer kennen gelernt.

Endlich

---

*) Phil. Transact. Vol. 71. Part. I. Art. IX.

**) A Bengal Atlas; containing Maps of the Theatre of War and Commerce on that Side of Hindoostan; from the original Surveys, by Jam. Rennel, London 1781. 23 Charten.

***) P. Jos. Tieffenthalers histor. geogr. Beschreibung von Hindustan, Berlin 1775 – 1788. 3 Th. 4. mit 67 K.

Endlich ging in den Jahren 1783 und 1784 eine Reise vor sich, die man bisher kaum ausführbar hielt, und die sehr viel zum nähern Bekanntwerden des großen Binnenlandes von Ostindien beytragen mußte. Der seltne Mann, der sie unternahm, hieß Georg Forster °). Von Bengal aus setzte er über den Ganges und Yumna, und ging über Yumreu nach dem romantischen Thale von Kaschemire; von dort nach Cabul und Candahar zu dem südlichsten Ende des kaspischen Meeres. Auf dieser wunderbaren Reise von mehr als 2700 engl. Meilen brachte er mitten unter allen Beschwerlichkeiten, ja Gefahr des Lebens, beynahe 12 Monate zu, und mehrere seiner Reisenachrichten und Angaben (die nun bekannt worden sind) gaben reiche Quellen zur Berichtigung der Charten dieser bis dahin nur schwankend bekannten Theile Indiens.

Alles dieß zusammengenommen vermochte Herrn Rennel sein Werk zu verbessern und ihm ein größeres Detail zu geben. Er arbeitete daher ein neues größeres fast unter demselben Titel im Jahre 1788 aus, gab dazu eine trefliche Charte in 4 großen Blättern, außer derjenigen, welche er im Werke selbst (S. 102.) noch von den Ländern zwischen den Quellen des Ganges und der Caspischen See hinzufügte**). Auf die Weise ist diese Arbeit stets das Hauptwerk für die Geographie von Ostindien, obgleich der eben so gründliche als bescheidene Verf. noch täglich an dessen Vervollkommnung arbeitet. Auch in eben diesem Jahre erschienen von ihm noch besonders zwey vorzügliche Blätter über die eigentliche Halbinsel Indiens ***).

F 3   Ehe

°) Wohl zu unterscheiden von G. Forster, dem berühmten deutschen Gelehrten, der neulich in Frankreich gestorben ist.

**) Auch hat der Verf. sehes Recit Memoir über den Barampuier nebst den beyden Charten als Anhang beygebracht.

***) The Peninsula of India, from the Krishnah River to Cape Comorin, London 1788.

Ehe wir zu den weit um sich greifenden Arbeiten des Herrn A. Dalrymple kommen, dürfen wir einige vorzügliche Männer nicht vorbeygehen, welche sich durch eigene Observationen um diese Gegenden Indiens sehr verdient gemacht haben.

Der bedeutendste davon ist Herr le Gentil, und ich erwähne seiner mit desto grösserm Rechte, da ein Theil seiner Verdienste schon früher bey der Lehre von der Ortsbestimmung hätte angezeigt werden müssen. Die Reise dieses Astronomen ward durch den Durchgang der Venus vor der Sonne, 1761, veranlaßt *). Diese Beobachtung machte er auf der Insel Frankreich (Isle de France), und gab bey dieser Gelegenheit schätzbare Methoden an, die Zeit auf dem Meere durch irgend eine bemerkbare Erscheinung am Himmel zu finden **). Er bediente sich derselben nachmals, da er gleich nach der Observation des Durchgangs der Venus nach Ostindien segelte, und mehrere Theile der Küste von Afrika, z. B. die von Ajan, das Cap Guardafui und besonders die Insel Socotora, ein wichtiger Punkt für den Eingang zum rothen Meere, aufnahm. Hiebey hatte er Gelegenheit, überhaupt die Charten des Herrn Dapres zu verbessern, aber auch, nach seinem eigenen Geständnisse, ihren hohen Vorzug vor den meisten sonst bekannten anzuerkennen ***). Mehrere Excursionen nach Madagaskar und ein hinlänglicher Aufenthalt daselbst gaben Gelegenheit zu einer Reihe von Observationen, wodurch verschiedene Theile der Küsten dieser großen Insel von ihm bestimmt wurden.

---

*) Voyage dans les Mers de l'Inde, fait par ordre du Roi à l'occasion du Passage de Venus sur le Disque du Soleil par Mr. le Gentil, imprimé par ordre de Sa Majesté. Paris 1779. 2 vol. 4to.

**) le Gentil. Tom. I. p. 7.

***) Ebend. S. 9 und 10.

wurden *). Er begab sich nun 1766, um den zweiten Durchgang der Venus von 1769 zu beobachten, nach den philippinischen oder manillischen Inseln. Sein langer Aufenthalt hieselbst gab uns viel Belehrung über die Geographie dieser Inseln. Nicht nur bestimmte er die Länge und Breite der Hauptstadt Manilla durch mehrere Methoden **), sondern die dortige Geographie gewann noch weit bedeutender. Ein spanischer Geistlicher, Don Estevan Roxas y Melo, arbeitete schon seit einiger Zeit, nach den Messungen eines geschickten franz. Piloten, an einer neuen verbesserten Charte der Philippinen. Von ihr nahm Hr. le Gentil eine Copie, und lieferte dadurch, mit Zuziehung seiner dortigen Ortsbestimmungen, eine Charte dieser Insel ***), welche nothwendig weit richtiger ausfiel, als die des Murillo, wovon der berühmte Lowiz Deutschland eine Copie gegeben hat †).

Wie sehr war es aber nicht zu bedauern, daß unser Astronom durch niedere Cabale abgehalten ward, die noch südlicher liegenden, unbekannteren, Marianischen Inseln zu besuchen! Er sah sich daher gezwungen, nach Pondichery zu gehen; und auf diesem Wege machte er schätzbare Beobachtungen über die Straße von Malacca, worüber er auch zwey Charten mitgetheilt hat ††). Ward ihm nun gleich in Pondichery durch ein Gewölk die

---

*) le Gentil T. 2. p. 580 &c. und Planche 5. Carte d'une partie de la Cote de Madagascar, ferner Pl. 6 u. 7. la Baye d'Antougil.

**) le Gentil Voy. T. 2. p. 276. &c.

***) Ebend. T. 2. Planche 1. Carte de la partie orientale des Philippines, und Pl. 2. C. d. l. p. occidentale, ferner Planche 3. Carte de differentes ports que renferment les Philippines. Schade, daß, so viel ich weiß, keine größere allgemeinere Charte hiernach ausgegeben wurde.

†) Sie besteht aus 2 Blatt in Landcharten=Format, von Homanns Erben edirt.

††) le Gentil Tom. 1. Planches 11 & 12. Carte du Detroit de Malacca.

die Beobachtung des Durchgangs der Venus vereitelt; so ersetzte dieß doch auf der andern Seite eine reiche Erndte vorzüglicher Beobachtungen, worunter die über die Lage der Küsten und der Stadt selbst besonders hieher gehört *).

Wenn wir hier daher nicht einmal die höchst merkwürdigen Untersuchungen über die Astronomie der Brahmen, die Lehre der Refraktion, Abweichung der Magnetnadel, über die Naturgeschichte dieser Länder, und über die Meteorologie, in Betrachtung ziehen, so gehört stets diese Reise unter die schätzbarsten für unsre Wissenschaft.

Beynahe um gleiche Theile von Ostindien hat sich der Seecapitain Forrest **) keine unbedeutende Verdienste erworben. Sein Unternehmen in dem Xulo oder Soolo Archipel, seine Expedition in den Molukken und auf Guinea, um von dort her die beiden Hauptgewürze Ostindiens in Englands Etablissements hinüber zu pflanzen, lehrten die Lage mancher wenig bekannten Insel dieses Archipels und bestimmten verschiedene Küsten der Philippinen. Besonders gewannen wir aber hiedurch, in Rücksicht der nordöstlichen und westlichen Küste von Neuguinea, und unter den Philippinen ward Maginbano genauer bestimmt, wie auch der nördlichste Theil von Borneo.

Fast zu gleicher Zeit that der berühmte Naturalist Sonnerat eine Reise aus ähnlicher Absicht in eben diesen Gewässern ***). Zwar hat die Naturgeschichte bey weitem

---

*) Ebend. T. 1. pag. 356 u. T. 2. Planche 7. Carte des Environs de Pondichery, und 10. ist die Reisecharte von Manilla dorthin.

**) A Voyage to New Guinea and the Moluccas from Balambangan including on Account of Magindano, Soolo and other Islands, illustrated with 32 Copperplates &c. performed during the years 1774 -- 1776. by Cpt. Thom. Forrest. London 1779. 4to.

***) Voyage à la Nouvelle Guinée dans lequel on trouve description des lieux, des Observations physiques &c. par Mr. Sonnerat. Paris 1776.

weitem am mehrsten dadurch gewonnen, indeß ward doch die Lage einer neuen Insel bey den Sechelles, mit Nahmen Praslin, entdeckt, und mehreres über Luzon, wie auch über die Lage verschiedener Inseln zwischen den Molukken, aufgeklärt.

Das nachmalige größere Werk *) eben dieses Verf. über Ostindien gehört noch mehr der Natur- und Völkergeschichte; indeß kommen doch im Tagebuche der Seefahrt im 2ten Theile Angaben und Berichtigungen von der Lage einiger Inseln vor.

Alexander Dalrymple, jetziger Geograph der englisch-ostindischen Compagnie, vormals in dasigen See-Diensten, hat sich durch eine so ungewöhnliche Thätigkeit um die Geographie, nicht nur des gesammten Ostindiens, sondern aller Meere von England an, über das Vorgebirge der guten Hoffnung, nach Osten hinaus, so sehr verdient gemacht, daß es für diesen Raum unmöglich ist, seine kaum gläublichen Arbeiten einzeln aufzuzählen. Ich werde nächstens Gelegenheit nehmen, diesen verdienstvollen Mann genauer in Deutschland bekannt zu machen. Hier kann ich nur Folgendes von ihm beybringen.

Schon im Jahre 1767 gab Hr. A. Dalrymple eine Schrift **) über die bis dahin im großen Südmeere gemachten Entdeckungen heraus. Zwey Jahre nachher folgte diesem das größere Werk über eben diesen Gegenstand †). Zwar hatten wir bereits das trefliche Werk des de Brosses ††), indeß machte Dalrymple

F 5 das

---

*) Sonnerat Voyage aux Indes Orientales et à la Chine fait par Ordre du Roi depuis 1774 jusqu'en 1781. Paris 1782. 1 u. 2. T. 4.

**) The Discoveries made in the South Pacific Ocean.

†) An historical Collection of the several Voyages and Discoveries in the South Pacific Ocean, by A. Dalrymple. London 1769. 4to.

††) Hist. des Navigations aux Terres Australes, Paris 1760. T. I. et II. 4:o.

das seinige besonders dadurch nützlich, (de Brosses munterte ihn selbst dazu auf) daß er die wichtigen Entdeckungsreisen der Spanier und Holländer im Südmeere nicht, wie jener, im Auszuge, sondern nach den Originalberichten, völlig übersetzt lieferte, sich aber daneben nur auf diejenigen einschränkte, welche zwischen Süd-Amerika und dem Lande der Papous waren unternommen worden.

Dieß war jedoch nur eine geringe Probe von dem, was die Geographie aller östlich liegenden Länder jetzt zu erwarten hatte. Mit unbeschreiblichem Fleiße und grosser Wahl, in Rücksicht nautischer Nützlichkeit, gab er nun bis 1789 theils aus ältern Seefahrern, hauptsächlich aber nach originalen Beobachtungen neuerer Reisenden aller Nationen, 454 Charten und Aussichten, in 18 Classen vertheilt, über die Länder am Vorgebirge der guten Hofnung bis ins Südmeer.

Seit dieser Zeit aber ist jene Anzahl bis zu der, für einen einzigen Mann kaum begreiflichen, Summe von 630 gestiegen; und die dazu gehörigen, theils auch besonders gedruckten, geographischen und nautischen Werke nehmen schon gegen 250 Bogen ein. Da die englische ostindische Compagnie diesem seltenen Manne alle ihre geographischen Schätze eröffnet, da sie alle seine theuren Unternehmungen unterstützt, so ist freilich wol Niemand im Stande, etwas Gleiches an Reichhaltigkeit und Wehrt in diesem Fache zu liefern.

Die Werke dieses Geographen hatten einen so weiten Horizont, daß sie das große Südmeer selbst begreifen, und uns nun zu diesem Hauptsitze der neuern Entdeckungen führen. Hier haben die letzten Weltumsegler binnen wenig Jahren uns mehr Inseln und grössere Continente kennen gelehrt, oder doch vergewissert, als zuvor kaum Jahrhunderte. Es ist daher billig, uns bey diesem letzten wichtigsten Schauplatze der Entdeckungen neuerer Zeiten etwas länger zu verweilen.

Schon oben haben wir die großen Veränderungen gesehen, die die nordwestliche Küste von Amerika, also die in den nördlichen Theilen des Südmeers gelegenen Länder, durch den großen Cook und seine Nachfolger erlitten hat. Hier ist es nun der tiefer gegen den Aequator liegende und antarctische Theil dieser größten Wassermasse, welcher uns besonders angeht.

Nach dem hier uns vorgesetzten Zeitraume darf ich nur erst mit der Weltumsegelung des Commodore Byron von 1764 anfangen. Er war es, dem wir nicht nur eine neue Charte der Magellansstraße verdanken, sondern der uns mit jenen, bis dahin entweder fabelhaft großen, oder gar abgeleugneten, Patagonen bestimmter bekannt machte; obgleich übrigens seine Reise, ein paar kleine Inseln ausgenommen, von keinem großen Ertrage für die Erdkunde war °).

Zwey Jahre darauf nahmen Wallis und Carteret einen ähnlichen Lauf. Der Erstere fand unter dem Namen Tahiti des Quiros Sagittaria wieder, nebst ein paar kleinern Inseln**).

Carterets mühsamere und gefährlichere Fahrt lehrte eine größere Insel des Mendanna und des Quiros Encarnacion von neuem kennen, benannte die erstere größere Egmont = Insel, den ganzen Haufen aber Charlots = Inseln. Außer einigen unbedeutenden von ähnlichen wollhaarigen Menschen bewohnten Inseln zeigte er zuerst den Weg zwischen den von Dampier entdeckten Ländern,

Neu=

---

*) Byrons Reise steht in Hawkesworth Collection T. 1.
**) Boscawen und Keppels Inseln; die Cocos= und Verräther= Insel des le Maire.

Neu=Irland und Neu=Britannien, und gab ihm den Namen "Georgs Canal" *).

In eben demselben Jahre unternahm der berühmte Bougainville gleichfalls seine Reise um die Welt **). Bey seinen Beobachtungen über Brasilien, die Falkl=nds= Inseln und Patagonien verbesserte er nicht nur Bellins Seecharten, sondern er glaubte zu finden, daß überhaupt die Lage von Südamerika etwas weiter hinausgeschoben sey. Auch er fand, gleich nach Wallis, das reizende Taiti; und entdeckte, fast zu seinem Untergange, eine lange Küste gegen den 10ten Grad südlicher Breite, die von ihm Louisiade benannt wurde. Nach glücklichem Ent= gehen des Hungers fand er eine Straße unweit den Sa= lomons Inseln ***), Bougainvilles Straße; entdeckte die Inseln Choiseul, Praslin und andere, unweit derselben, deren Erstreckung zum Theil noch jetzt unbekannt ist, und ging sodann zu den Molukken. Hiervon zeigte er mit zuerst die bis dahin von Holland verheimlichten Fahrten, und erleichterte dadurch seinen Nachfolgern diesen für so gefährlich gehaltenen Archipel. Wenn man zu diesen Entdeckungen und schätzbaren Nachrichten über das we= nig bekannte portugiesische Amerika, die geographisch= astronomischen Beobachtungen, eben wie die des Herrn Commerson in der Naturgeschichte, rechnet; so war' diese Reise bis dahin sicher eine der vorzüglichsten. Nur durch die gleich nachfolgenden des Capit. Cook ward sie verdunkelt.

Dieser

---

*) Carterets Reise um die Welt macht die dritte des 1. Bandes von Hawkesworth Collection aus, p. 523. Hier findet sich nicht nur die allgemeine Reisecharte, sondern von Egmonts und Charlotten=Insel sind Special=Charten; und der Weg zwi= schen Neu=Britannien und Neu=Irland hat eine eigene große Charte unter dem Titel: A Chart of Cpt. Carterets Disco- veries of New Britain &c.

**) Voyage autour du Monde, par la Fregate du Roi, la Bou- deuse & la Flute. en 1766 -- 69. Paris 1771. 4to.

***) Grandes Cyclades, beym Bougainville.

Dieser außerordentliche Mensch war von der Natur ganz zum Entdecker gebildet. Forschungsgeist, Kühnheit, Menschenkenntniß, Geist der höchsten Ordnung und die gründlichsten Kenntnisse der gesammten Schiffskunde, verband er mit großer Vorsicht und eiserner Beharrlichkeit. Jeden Augenblick wußte er zu benutzen, und jeder unerwartete Vorfall gab seiner unerschöpflichen Geistesgegenwart neue Gelegenheit, sich zu zeigen. Auch haben dann alle seine Vorgänger unsers Jahrhunderts zusammengenommen nicht einen solchen Reichthum an entdeckten Ländern aufzuweisen, als Cook. Freilich setzte er fast 10 Jahre aneinanderhangend dazu aus; umschiffte beinahe dreimal die Erde, und maaß, wie sein vorzüglicher Lobredner und Begleiter sagt, mehr als siebenmal den Umkreis unsers ganzen Erdballs *).

Seine erste Reise, die im Jahre 1768 ihren Anfang nahm, gab eine erstaunliche Erndte für Erd= und Menschenkunde, Nautik und die gesammte Naturgeschichte. Er fand nicht nur eben jene neuen Inseln wieder, sondern that eine große Menge neuer hinzu; und beobachtete daneben den Durchgang der Venus auf Tahiti. Aber sein größtes Verdienst bestand in Entdeckungen und wichtigen Bestimmungen des großen aus einer doppelten Insel bestehenden Neu=Seelands; eines Landes, das England an Flächeninhalt beynahe gleich ist. Er war es, der zwischen diesen beiden Inseln, Tavai Poenamu und Eaheinomauve, die Straße entdeckte, die mit Recht jetzt seinen Namen führt; und nach mühsamen 6monatlichem Durchsuchen der gesammten Küsten dieses neuen, schwer zu untersuchenden, Landes lieferte er

---

*) Cook der Entdecker, von G. Forster. S. 36. Sonst haben wir eine sehr umständliche Lebensbeschreibung dieses großen Seemannes durch Kippis, unter dem Titel: The Life of James Cook, by A. Kippis. London 1788. 4.

er uns darüber eine Charte *), der wenige von den europäischen Küsten an Genauigkeit gleich sind.

Von dort aus fing aber nun seine wichtigste Entdeckung an, nemlich die große östliche, bis dahin völlig unbekannte, Einfassung von Neu-Holland, eine Küste von mehr als 600 Seemeilen.

Diese Küste, wodurch nun ein Land bestimmt wurde von beynahe 150tausend Quadratmeilen, also ein Continent, das Europa nicht viel an Größe nachgiebt, hätte indessen beynahe der Geographie diesen großen Entdecker selbst entrissen.

Denn nur allein die ruhige Gegenwart des Geistes erhielt alle die kostbaren Schätze, wodurch unser Jahrhundert in Rücksicht der Menschenkunde, der Geographie und der gesammten Naturgeschichte binnen wenigen Jahren weiter vorwärts gerückt ist, als in den vorigen Zeiten kaum binnen eben so vielen Jahrhunderten **).

Auf die Weise trat denn eine neue Welt aus dem Dunkel hervor, worinn ihre ersten Entdecker, die Holländer, sie aus merkantilischen Absichten, eben wie den Weg durch die gewürzreichen Molukken, bisher zu erhalten gewußt hatten.

Wenn ja die Anmaaßung eines entdeckten Landes gebilliget werden kann, so ist dies sicher der Fall bey der Besitznehmung der Engländer von Neu-Südwallis. Das Land ist so dünne mit Menschen besäet, und diese Original-Bewohner machen daneben so wenigen Gebrauch

von

---

*) Cooks Reise im 2ten Theile von Hawkesworth! Collection. Hier ist auch die schöne Charte von Neu-Seeland.

**) Das Schiff gerieth einige Meilen von der Küste auf einen Corallenfelsen und erhielt hierdurch einen so bedeutenden Leck, daß man dem Untergange nahe war. Vermittelst eines Segeltuches, welches unter das Schiff gezogen, und mit Wolle, Haaren und dergl. ausgefüllet ward, rettete man sich. Denn die Wellen trieben diese Dinge in die Oeffnung und man erhielt Zeit zur Küste zu kommen.

von denen ihnen durch die Natur dargebotenen Reichthümern, daß sie selbst auf keine Weise durch den Anbau der Engländer verdrängt, oder als aus dem Besitze ihres väterlichen Erbes herausgetrieben, anzusehen sind. Es ist vielmehr dieses Hinüberführen der englischen Colonie wahrer Gewinn für Europa und sogar für die, mit der Zeit sicher sich dadurch verbessert findenden Original-Menschen. Hätten diese nicht Beweise ihrer traurigen Fühllosigkeit, ihrer hohen Armuth, sowohl an körperlicher Bequemlichkeit, als an allen Talenten des Geistes und an jeder Art von Sittlichkeit gegeben, dann wäre freilich der Gedanke, die Laster der Europäer bey ihnen eingeführt zu wissen, abschreckend.

Fünf Monate wandte Cook auf das Aufnehmen der wegen der Corallenriefen so äußerst gefahrvollen Küste und entdeckte sodann jene mit Recht nach seinem Schiffe benannte Straße*) zwischen Neu-Guinea und Neu-Holland.

Der glorreiche Heimzug des großen Mannes beseelte seine Nation mit neuem Enthusiasmus für die weitere Entdeckung der antarctischen Länder. Sie sandte ihn bald nachher von neuem dahin; und wenn seine erste Reise durch zwey der vorzüglichsten Naturalisten noch lehrreicher gemacht war, so gewann diese zweite Welt-Umsegelung in dieser Rücksicht wenigstens nicht minder durch die beiden seltenen Männer, die beiden Forster, Vater und Sohn.

Dieser zweite Zug lehrte außer der Entdeckung theils neuer theils wiedergefundener Inseln**) die große bisher nur zu sehr verkannte Wahrheit, daß es kein

großes

---

*) Die Ehdeavours-Strait.

**) Besonders die neuen Hebriden und Neu-Caledonien. M. s. eine schätzbare Charte über die den Einwohnern von Tahiti bekannten Inseln in J. R. Forsters Bemerkungen auf seiner Reise um die Welt, Berlin 1783; dies Werk enthält den Kern alles desjenigen, was diese Reise der Menschheit in irgend einer Richtung Brauchbares eingebracht hat.

großes Südland gebe. Bis auf 71° 10' durchstrich der unerschrockene Mann unter ungeheuren Eisblöcken und dichtem Nebel fast in jeder Richtung den unbekannten Ocean, und entschied die große Frage über das Daseyn eines großen antarctischen Continents. Nun erst ergab sich nemlich, daß die Erfahrung die davon gelieferten idealischen Entwürfe des ältern Buache und Anderer nicht realisire.

Hiedurch sind wir dem Südpole zwar um mehr als 14 Grade näher gekommen als bis dahin, allein noch um weit mehrere Grade bleiben wir dennoch weiter von ihm entfernt, als von dem Pole unserer Halbkugel.

Daß Cooks dritte Reise für die Erdkunde bey weitem nicht so wichtig ausfiel, als es der trefliche Plan dazu erwarten ließ, hieran war lediglich der Tod des großen Mannes und seines vorzüglichen Nachfolgers die einzige Ursache. Gegen Süden hin bestätigte er noch das Daseyn einer traurigen Insel unter 48° 40' südlicher Breite*). Kerguelen und Marion hatten dies Land schon 1771 und 72 entdeckt und nach dem ersten Entdecker benannt; Cook glaubte es seiner Natur nach besser durch Desolations = Insel bezeichnen zu dürfen.

Seine wichtigsten Entdeckungen im großen Südmeere waren diesmal die heitern, aber ihrem großen

Ent=

---

*) M. s. Carte physique de la grande mer ci-devant nommée Mer du Sud pacifique &c. par Phil. Buache, Paris 1754. Hierauf die kleine Charte: Carte de la mer glaciale antarctique.

Cook fand auch bey diesem Zuge die Insel Georgien im 55sten Grade der südl. Breite, und noch einige Grade tiefer, fast bis zum 60sten Grade hin, das zertheilte Eisland, welches er das südliche Thule nannte. Beide Länder sind wegen ihrer traurigen Lage von geringer Bedeutung. Ersteres liegt etwa 25° der Länge von dem Staaten = Lande an der Magellans = Straße; letzteres aber über 37 Grad.

Entdecker tödtlichen, Sandwichs=Inseln *); vornehmlich aber die lange Reihe der nordwestlichen Küste von Nord=Amerika, die er bis ans Eismeer verfolgte, und beiden Continenten der alten und der neuen Welt ihre Gränzen anwies.

Was hier von Cook und seinem Nachfolger Clerc für die Erdkunde außerordentliches gethan ist, dies ist bereits oben genauer angezeigt worden **). Allein was hätte man nicht noch alles erwarten dürfen, wäre auch nur einer von diesen beyden großen Seemännern am Leben geblieben? was für eine reiche kostbare Erndte wäre der Geographie hier nicht noch rückständig! Von der östlichsten Einfassung Asiens, von Cap North ***), oder auch nur von Cap East †) bis nach Japan und China hinab; welch eine Aussicht für unsere Wissenschaft! Wie leicht war es einer mit so trefflichen Beobachtern und Instrumenten ausgerüsteten Expedition, den Schleier, der über das Land Jeso, über das Binnenmeer zwischen ihnen und Corea, über den ganzen Japanischen Ocean und seiner Hauptinsel selbst, wie auch über einen großen Theil des östlichen China und der Insel Formosa hängt, hinwegzuziehen! Und dennoch blieb alles dies vor wie nach unbekannt, kein Schritt geschah, unsere gerechte Wißbegierde zu befriedigen, und die Schiffahrt dieser Gegenden besser zu sichern; denn der große Führer fehlte!

Auf die Weise hätten wir nun die Fortschritte aufgezählt, wodurch die Erdkunde binnen etwa 40 Jahren vorwärts gegangen ist ††). Sie sind riesenmäßig gegen die des vorhergehenden Jahrhunderts.

Nicht

*) Unter 20° Norder Breite und 213° Länge von Greenwich. Bekanntlich ward Cook auf der Insel Owaihi erschlagen.
**) M. s. vorhin S. 70 (oder Annalen 8tes Stück.)
***) Im 69sten Gr. der Breite.
†) Im 66° 28' der Breite, der letzten Weltcharte von Arrowsmith zufolge; nach Clerke Nachrichten aber unter 66°.
††) Etwa von 1750 bis 1790.

Nicht nur Inseln von der Größe Englands, oder gar ein Continent, das unserm ganzen Welttheile wenig nachgiebt; nicht blos die Wege und die Tiefen des großen Südmeers, nebst hunderten seiner Inseln*) sind bekannt worden; sondern die ganze westliche Einfassung von Nord=Amerika ist umzeichnet; die Nichtexistenz des Au=
stral=

*) Die hauptsächlichsten Inselgruppen, welche dadurch entweder wirklich entdeckt, oder doch näher bestimmt wurden, sind etwa folgende: 1) die niedern Inseln (Low Islands) die östlichsten, unter 222 Gr. von Greenwich zwischen 20 und 23 Gr. südl. Breite; 2) die gleich darüber liegenden Marquesas=Inseln, schon von den Spaniern 1595 entdeckt; 3) die Societäts=Inseln, hierunter Tahiti; 4) die freundschaftlichen Inseln, Tasman entdeckte sie 1642; 5) die neuen Hebriden oder großen Cycladen des Bougainville; hierunter das Heilige=Geist=Land von Quiros; 6) Neu=Caledonien; gleich daneben 7) die Charlotten=Inseln, die Hauptinsel St. Cruz von Mendana 1595 entdeckt, durch Carteret 1767 wiedergefunden; 8) die Salomons=Inseln des Mendana; Hr. Plant in seinem umständlichen Werke über Polynesien, Leipzig 1793, hält die Salomons=Inseln für Neu=Irland. Dalrymple und der ihm folgende Arrowsmith setzt aber in seinen beiden Weltcharten (sowohl in der frühern Seecharte, m. s. geograph. Annalen 7tes St. S. 93. als in der letzten trefflichen Landcharte von 1794) die Salomons Inseln für das Land, was bey Hrn. Plant Neu=Georgien heißt; zwischen diesem und den vorhergehenden ist denn das von Surville auf der Reise von 1769 entdeckte Cap Surville; östlich ist Bougainvillens Straße; 9) die Louisiade des Bougainville, eine den Salomons=Inseln in S.W. liegende lange, unterbrochene, Küste. Hr. Plant rechnet sie schon zu Neu=Guinea, was auch der Duc de Crop und Baugondy in ihrer vorzüglichen Charte: Hemisphere australe ou antarctique, Paris 1773. gr. Fol., gethan haben; Torres soll diese Küste 1606 gesehen haben. 10) Neu=Irland. 11) Neu=Brittannien. Außer der hier eben angeführten Charte des Baugondy, haben wir noch die vorzügliche Forstersche und Cooksche von den antarctischen Ländern; für Deutsche aber die Hemisphären von Funk und Bode, und die von Polynesien in der Weigelschen Buchhandlung nach Diurberg, und zuletzt die bessere vom Hrn. Plant. Noch verdient zu der Anzeige der Charte des Philbuache von den antarctischen Ländern hinzugesetzt zu werden: daß eben dieser verdiente Geograph schon 1739 eine eigene Charte von dem Südpole bis zu dem 23sten Grade der Breite, die verbessert 1754 herauskam, geliefert hat unter dem Titel: Carte des terres australes comprises entre le Tropique du Capricorne et le Pole antarctique. Hierauf ist auch ein eigener Plan des terres du Cap de la Circoncision des Lozier Bouvet 1738, dessen Daseyn die englischen spätern Weltumfahrer durchaus leugnen, der Pariser Akademiker le Monnier hingegen in Schutz nimmt.

ſtral-Landes gewieſen; die Gränzen der alten und der neuen Welt, ſowohl in Oſten und Weſten, als gegen Norden ſind beſtimmt; die Binnenländer des ungeheuern ruſſiſchen und engliſchen Aſiens, eben wie eines Theils des ſüdlichen Afrika und der nordlichen Hälfte der neuen Welt, ſind aus der Dunkelheit hervorgezogen; der bis jetzt unzugängliche Ocean der Gewürze iſt fahrbar gemacht; viele unſerer europäiſchen Küſten ſind richtiger niedergelegt, und große Theile unſers Binnenlandes ſelbſt genauer gemeſſen.

Wie erſtaunlich hat aber nun hierbey die Völkerkunde, die Naturgeſchichte und der Handel gewonnen! Jedoch dies hier auseinander zu ſetzen, geht für diesmal über unſere Abſicht. Vielleicht wird es indeß der Gegenſtand einer eignen Arbeit.

Geschichte
der
alten Erdbeschreibung
seit 1760;
von
P. J. Bruns,
Prof. zu Helmstädt.

Wenn die neuere Erdbeschreibung durch den Fleiß gelehrter Männer seit 1760 große Fortschritte gemacht hat: so hat die alte nicht weniger geschickte Bearbeiter gefunden, und ist auf dem Wege eine ganz andere Gestalt zu bekommen, in der sie vielleicht, wenn einige Vorarbeiten geendigt sind, zu Anfange des folgenden Jahrhunderts hervortreten wird. Die Erzählung der Schicksale, die sie in dieser Periode erfahren hat, kann am besten mit einem Verzeichnisse der Ausgaben, Uebersetzungen und Erläuterungen der alten Erd- und Reisebeschreiber angefangen werden, von welchem ich jedoch diejenigen Autoren, welche sich nicht auf Geographie allein eingeschränkt haben, gänzlich ausschliesse. Ich werde Griechen und Römer in chronologischer Ordnung, die oft nach Wahrscheinlichkeit bestimmt wird, auf einander folgen lassen. Hannos Periplus oder Seereise ist griechisch und deutsch, nebst Bougainville's Abhandlung über die Entdeckungen und Niederlassungen, welche von Hanno längst der Küste von Afrika gemacht sind, aus dem französischen übersetzt von C. A. Schmid, als ein Anhang zu Arrians Indischen Merkwür-

Merkwürdigkeiten, Braunschweig 1764. 8. herausgegeben. Der Verfasser der neuen Welt- und Menschengeschichte im 4ten Bande der Alten Gesch. hat über diese Seereise eine sehr lesenswürdige Abhandlung gegeben.

Jo. Ph. Murray zeigte in einer Abhandlung, die in der königl. Societ. der Wissenschaften zu Göttingen vorgelesen und im 6. Tom. der Nov. Commentar. abgedruckt ist, daß Pytheas nach Hanno, aber vor C. G., von Marseille aus, längst der Küste von Spanien, Frankreich, Britannien und Deutschland gesegelt ist.

Schon lange wünschte man, daß die Fragmente des Eratosthenes, auf den sich Strabo häufig beruft, und der ungefähr 200 Jahre vor C. lebte, gesammlet würden. An dem Orte, wo man 1770 einen Versuch dazu machte, ist die Arbeit von einem geschickten jungen Gelehrten ausgeführt.

Eratosthenis Geographicorum fragmenta edidit Gunther Carl Friedrich Seidel, Phil. D. instituti hist. regii Gotting. Assessor. Gottingue 1789.

Eine merkwürdige Erscheinung ist der deutsche Strabo von Abrah. Jakob Penzel, in 3 Bänden, Lemgo 1775 — 1777, ein Werk, das Erstaunen erregt, wenn man die Umstände bedenkt, unter welchen es verfertigt ist. Vielleicht ist dieses die einzige Uebersetzung, die vom Strabo in einer lebenden Sprache vorhanden ist. Penzel hat aber seinen Autor nicht blos übersetzt, manchmal sehr frey und unrichtig, sondern auch die alte Eintheilung in 10 Bücher verworfen, dafür eine bessere eingeführt und Anmerkungen hinzugesetzt.

Des Strabo allgemeine Erdbeschreibung, 3 Bände. Abraham Jakob Penzel hat sie aus dem Griechischen übersetzt, durchgehends von neuem disponirt; mit Anmerkungen, Zusätzen, erläuternden Rissen, einigen Landkarten und vollständigem Register versehen, Lemgo 1775 — 1777. 8.

Seit mehr als 10 Jahren arbeitet man in England an einer neuen Ausgabe des Strabo, die jetzt schon unter der Presse seyn soll. Tyrrwhitt wurde dadurch veranlaßt, seinem Freunde D. Jubb, Canonicus und Prof. der hebr. Sprache zu Oxford, einige kritische Conjekturen über den Strabo zuzuschicken, und zwar gedruckt zu London 1783, damit das Lesen derselben ihm und dem Herausgeber des Strabo weniger beschwerlich wäre. Man hat sie in Deutschland durch einen Abdruck bekannter gemacht.

Thomae Tyrrwhitti coniecturae in Strabonem, quas typis repetendas curavit et praefatus est Theoph. Christoph. Harles. Erlang. 1788. 8.

Den Pomponius Mela hat A. W. Ernesti aus der Gronovischen Ausgabe mit Beybehaltung der Druckfehler, obgleich sie am Ende schon corrigirt waren, wieder abdrucken lassen, Leipzig 1773. Die Kappische Ausgabe, in welche die Varianten aus einer prächtigen zu Eaton 1761. 4. gedruckten eingetragen sind, hat auch Erläuterungen der Sachen und der Latinität des Autors. Die deutsche Uebersetzung von Dietz ist fehlerhaft, und die Anmerkungen dazu sind ohne Kenntniß und Geschmack zusammengetragen.

Pomponii Melae de situ orbis libri III. ex recens. Abrahami Gronouii, cum varietate lectionis Reinoldianae et indice locupletissimo in usum scholarum editi a Joanne Kappio, cur. Rignit. 1774.

Pomponius Mela drey Bücher von der Lage der Welt, ins deutsche übersetzt und mit einem vollständigen geographischen Commentar zum Gebrauch in Schulen erläutert von Joh. Christ. Dietz, Gieffen 1774. 8.

Apol-

Apollonius Rhodius Argonautenzug ist zweyma
griechisch zu Orford von Shaw, 1777. 8. und zu Straß-
burg von Brunck, 1780. 8. und deutsch von Bodmer,
Zürich 1780. 8. herausgekommen.

Apollonii Rhodii Argonauticorum libri IV.
priorum editorum et interpretum notis felectis accedunt Ruhnkenii, Pierfoni, Georgii d'Ar-
naud, nec non Ioannis Toupii animadver-
fiones. Edidit nova fere interpretatione fuisque
nonnullis annotationibus illuftravit, indices addidit
Ioannes Shaw S. T. B. Coll. b. Mariae Magdale-
nae apud Oxonienfes focius. Oxonii e typograph.
Clarendon. 1779. 8.

Apoll. Rhod. Argon. e fcriptis octo vet. libri,
quorum plerique nondum collati fuerant, nunc primum emendate edidit Rich. Fr. Brunck. Argentor. 1780.

Um nicht zu weitläuftig zu werden, übergehe ich
die Ausgaben und Uebersetzungen des ältern Plinius und
des Tacitus, obgleich jener durch die ersten Bücher seiner Hiftor. natur., dieser durch seine Germania unter den
alten Geographen eine wichtige Stelle einnimmt. J. Ch.
E. Springer in der von Gatterer herausgegebenen
allgemeinen historischen Bibliothek, Band XI., will, in
Versuch eines Beweises, daß Tacitus seine Erzählungen von den alten Deutschen aus Westphalen
genommen habe, zeigen, daß, was Tacitus von der
Lebensart, Wohnungen und dem Charakter der Deutschen
sagt, noch heutzutage größtentheils von Westphalen behauptet werden kann.

Arrianus Indische Merkwürdigkeiten hat C. A.
Schmid, Braunschweig 1764. 8. deutsch herausgegeben,
Paufanias Beschreibung Griechenlands von Joh.
Euftach Goldhagen, Berl. und Leipz. 1766 8. 2 Bände.
gleichfalls deutsch mit Noten.

Die beste Ausgabe des Vibius Sequester de fluminibus, fontibus etc. quorum apud poetas mentio fit, verdanket man dem gelehrten und fleißigen Herm. Jac. Oberlin. Strasb. 1778. 8.

Hofr. Wernsdorf hat in Poetae latini minores Tom. V. P. I. Altenb. 1788 folgende kleine lateinische Gedichte, die Erdkunde betreffend, mit gelehrten Anmerkungen herausgegeben:

Cl. Rutilii Numatiani de reditu suo sive itinerarii libri II. Subiungitur Hildeberti carmen ex antiquo ductum de urbis Romae ruina.

Prisciani periegesis e Dionysio.

— — carmen de ponderibus et mensuris.

— — Epitome phaenomenon s. versus de sideribus.

Incerti versus de XII ventis.

Incerti epigramma de tabula orbis terrarum iussu Theodosii Imp. facta.

Das erste von diesen Gedichten hat ein junger hoffnungsvoller Gelehrter, Christian Rappe, ein Neffe des Herausgebers des Pompon. Mela, Erlangen 1786. 8. edirt.

In dem 2. Th. des 5. Toms der Wernsdorfschen Sammlung der kleinen lateinischen Dichter ist Rufi Festi Avieni descriptio orbis terrae aufs neue abgedruckt, und von diesem Gelehrten vortrefflich erläutert, der auch anderer Commentatoren noch nicht gedruckte Noten den seinigen einverleibt hat.

Von diesem Gedicht hat ein Holländer unlängst eine neue Ausgabe besorgt:

Rufi Festi Avieni descriptio orbis terrae cum coniecturis nonnullis clar. Schraderi nunc primum editis ac textui subiectis. Accedunt Nicolai Heinsii, Casparis Barthii, Claudii Salmasii aliorumque adnotationes in Avienum, impensis et curis H. Trisemanni, qui hic illic sua addidit. Amstelodami 1786. 8.

Auf die griechischen und lateinischen Geographen
laſſe ich die Araber folgen, welche in dieſem Zeitraume
edirt ſind. Sie ſind zwar nur eigentlich Quellen für
die mittlere Geographie. Sie verdienen aber doch neben
denen der alten zu ſtehen.

Von des Abulfeda geographiſchem Werke war die
Beſchreibung von Choráſmien, Mawaralnaſra und Ara=
bien ſchon vor geraumer Zeit in England im 3ten Bande
der Geogr. veter. scriptores graeci minores edirt, von
welchem ſchätzbaren Werke man den Plan einer neuen
Ausgabe ſchon vor einiger Zeit bekannt gemacht, aber
bisher noch nicht ausgeführt hat. Abulfedae Tabula
Syriae cum excerpto geographico ex Ibnalvardii
geographia et historia naturali gab Joh. Bernh. Köhler,
Leipz. 1766. 4. arabiſch und lateiniſch heraus mit ſehr
gelehrten Anmerkungen. Die zweite Ausgabe, priori
emendatior Lipſ. 1786. hat nur eine neue Vorrede,
worin auf 4 Seiten einige Berichtigungen der erſten
Ausgabe ſtehen. Eine neue völlig umgearbeitete Aus=
gabe iſt ſchon vor vielen Jahren zum Drucke fertig, bis=
her aber durch die Schickſale des Gelehrten und den
Kaltſinn gegen orientaliſche Litteratur aufgehalten wor=
den. Joh. Dan. Michaelis gab descriptio Aegypti
arab. et lat. Gottingae 1776 mit vortreflichen Anmer=
kungen heraus, und machte zu noch andern Stücken
dieſes Werks des Abulfeda Hoffnung, die bisher un=
erfüllt geblieben. Die übrigen Stücke oder Tabulae
ſind nach einer lateiniſchen Ueberſetzung des großen
Reiske dem 4ten und 5ten Theile des Magazins für
Hiſtorie und Geographie von A. F. Büſching einver=
leibt. Caſiri hat in ſeiner biblioth. orient. viele Nach=
richten von arabiſchen Geographen.

Von des Ibn al Wardi Geographie hatte Köhler
in dem angeführten Werke ein Excerpt geliefert. And.
Hylander, Adjunkt der morgenländiſchen und griechiſchen
Sprachen,

Sprachen, hat 3 Theile davon in Differtationen zu Lund 1785, 1786, aus dem Arabischen übersetzt. Ein Stück davon hat schon 1752 Prof. Aurivillius zu Upsala in einer Disputation bekannt gemacht, die in der von J. D. Michaelis veranstalteten Sammlung der Differtationes ad facras literas et Philologiam orientalem pertinentes dieses Gelehrten die zweite ist. Noch genauer hat uns de Guignes mit diesem Werke bekannt gemacht in Notices et Extraits des Manuscrits de la Bibliotheque du Roi, Tome II. Dieses schätzbare Werk liefert in den beiden ersten Theilen noch andere erhebliche Beyträge aus arabischen Erdbeschreibern, auf die ich gezeigt zu haben mich begnügen muß.

Norberg, Prof. zu Lund, hat aus einer türkischen Geographie Auszüge gegeben, s. Eichhorn Bibliothek für die biblische Litteratur, Band 2. Stück 4. Die Bemühungen des sel. Nagel, der in Programmen zum Andenken des Trewischen Legats für die Universität Altorf, des gelehrten Matthias Friedrich Beck Anmerkungen zu R. Benjamin von Tudela Reisebeschreibung herausgegeben hat, sind mit Dank zu erkennen. Es sind deren 14 von 1774 — 1787 erschienen und sie können von einem Herausgeber dieses merkwürdigen Buches, dem man jetzt ein größeres Licht aufstecken könnte, mit Nutzen gebraucht werden.

Abdollatiphs, eines gelehrten Arabers, der 1231 gestorben ist (s. Annalen I. B. S. 176.) Beschreibung der Denkwürdigkeiten Egyptens, arabisch, hat Hr. Prof. Paulus aus der englischen Druckerey in den deutschen Buchladen gebracht, und Hr. Prof. Günther Wahl verdeutscht mit Anmerkungen, Halle 1790, herausgegeben.

Nachdem ich von der Bearbeitung der Quellen, sie mögen occidentalische oder orientalische seyn, Rechenschaft gegeben habe, so will ich jetzt zeigen, wie man sie zur

Erläu-

Erläuterung der alten Geographie angewandt habe. Ich rede zuerst von denen, die Systeme oder Handbücher geschrieben, und alsdann von denen, die einzelne Länder oder besondere Materien aus der alten Geographie abgehandelt haben. Unter den jüngst verstorbenen Gelehrten hat sich unstreitig d'Anville durch Verfertigung guter Landkarten, und einer Menge Bücher und Abhandlungen, worunter auch ein Handbuch für die ganze alte Geographie ist, um diese Wissenschaft am meisten verdient gemacht. Johann Baptista Bourguignon d'Anville, erster Geograph des Königs, Sohn Hubert Bourguignon und Charlotte Vaugon, war geboren zu Paris am 11ten Jul. 1697. *) Seine Liebe zur Geographie zeigte sich in seiner frühesten Jugend. Den alten Auctoren, die er las, pflegte er schon als Knabe die Karten von den Ländern, von welchen sie handelten, beyzufügen, und die Städte, Schlachtfelder und Märsche der Armeen darauf zu zeichnen. Im 22sten Jahre erhielt er das Patent eines Geographen, und gab Karten heraus, die von dem Abbé Longuerue mit Beifall aufgenommen wurden. Seine Leibesconstitution war zwar zart, sie war aber doch stark genug, 60 Jahre hindurch eine tägliche Anstrengung von 15 Stunden zu ertragen. Seine sehr regelmäßige Lebensart, seine bewundernswürdige Mäßigkeit, der Beifall, womit seine Arbeiten belohnt wurden, trugen sehr vieles zur Verlängerung seines Lebens bey. Er heirathete im J. 1730. eine Mamsell Tessard, die ein Jahr vor seinem Tode starb. Von den beiden hinterlassenen Töchtern ist die eine eine Nonne, die andere verheirathet. Die Akademie des Inscript. et belles lettres hatte ihn schon seit vielen Jahren unter ihre gelehrtesten und fleißigsten Mitglieder gezählt, als die Acad. des scienc. ihn zum Adjunct für die

*) Diese Nachricht von d'Anvilles Leben ist ein Auszug aus dem Eloge de M. D'Anville in Hist. de l'acad. de scienc. ann. 1782.

die Geographie machte. Der Herzog von Orleans, Vater und Sohn, unterſtützten ihn bey ſeinen Arbeiten, und er rühmt die Gnade Beider in der Vorrede zur Geogr. anc. 1768. Er führte auch den Titel eines Secretairs des Herz. von Orleans.

Die große Sammlung von Landkarten, in der eine Menge einziger und höchſt ſeltener Stücke ſind, zu denen er durch ſeine Verbindung mit Gelehrten, Seefahrern und vielen andern Perſonen gelangte, wurden von dem Könige von Frankreich gekauft, mit der Erlaubniß, daß er ſich derſelben, ſo lange als er lebte, bedienen möchte. Seine letzte Arbeit war, dieſe Sammlung in Ordnung zu bringen, damit ſie deſto gemeinnütziger würde. Kaum hatte er ſie geendiget, als ſein Geiſt ſeine Thätigkeit und Kräfte verlor. Zwiſchen dieſem Augenblicke und ſeinem Tode verſtrichen noch 2 Jahre, da ſich ſeine Sinne abnutzten, und er erlag endlich unter Alter und Schwächen am 28. Jan. 1782. In der neuen und alten Geographie war er als Schriftſteller und Landkartenmacher ſo groß, daß ihm gewiß keiner ſeiner Zeitgenoſſen gleich gekommen iſt. Er war zwar niemals gereiſet, hatte weder in der Geometrie noch in der Aſtronomie tiefe Kenntniſſe. Allein ſeine große Beharrlichkeit, ſein vortrefliches Gedächtniß, ſeine Geſchicklichkeit die kleinſten Umſtände zuſammen zu ſetzen und Folgerungen daraus zu ziehen, ließen ihn alle die Hinderniſſe überwinden, womit das geographiſche Studium verbunden iſt. Wann er eine wichtige Karte herausgegeben hatte, ſo pflegte er einen Commentar über dieſe Karte zugleich herauszugeben. Hierin entwickelte er die Urſachen, die ihn bewogen hatten, den vornehmſten Plätzen die beſtimmte Lage zu geben, und gab von ſeiner Genauigkeit Rechenſchaft. Er war aber von aller Charlatanerie weit entfernt, und ſuchte eher die vielen Wege, die ihn zu ſeiner Behauptung geführt hatten, zu verſtecken, als auf eine ſelbſtgefällige

gefällige Art auszukramen. Im vollen Bewußtseyn der
Mühe, die er auf seine Untersuchungen verwandt hatte,
konnte er es nicht wohl leiden, daß ihm widersprochen
wurde, und er vertheidigte seine Resultate mit einer
Festigkeit, die von vielen für Hartnäckigkeit gehalten
worden ist. Sein Hauptverdienst in der alten Geographie ist ohnstreitig, daß er die neue als eine Fackel ge-
brauchte, der alten ein Licht anzuzünden, daß er alte und
neue beständig mit einander verglich, und den Bergen,
Flüssen, Völkern, Landschaften und Oertern der alten
Geographie nicht eher einen bestimmten Punkt auf der
Karte anwies, als bis er überzeugt war, daß das ge-
genwärtige Lokale der Annahme nicht widerspräche.
Hierin hatte es Cellar versehen, dessen alte Geographie
ein nützliches aus den alten Autoren mit Mühe zusam-
mengetragenes Verzeichniß der von einem geographischen
Objekte handelnden Stellen ist, worin aber die alte Geographie nicht kritisch bearbeitet ist. Vor d'Anville hat
unter den Deutschen Johann Matthias Hasius diese
Wissenschaft nach der Methode, die d'Anville empfohlen
und beobachtet hat, abgehandelt. D'Anville pflegt ihn
auch oft mit Lobe anzuführen.

Der zur alten Geographie gehörigen Landkarten im
gewöhnlichen Format, die d'Anville gestochen hat, kann
man wenigstens eilf zählen. Neun davon, Orbis Romani
Pars orientalis, O. R. P. occidentalis, Orbis veteribus
notus, Asia minor et Syria, Aegyptus, Palaestina,
Graecia, Italia, Gallia, sind in London von R. Sayer
und J. Bennet 1777 nachgestochen, denen noch eine
andere von d'Anville, die den Zustand von Deutschland,
Frankreich, Italien, Spanien und den britischen Inseln
im Mittelalter vorstellet, nebst Britannia romana von
Horsley, und Graeciae pars septentrionalis von Charles
de l'Isle beygefügt ist, und die zusammen unter dem
Titel: Complete Body of ancient Geography, auf vor-
treflichem

treflichem Papier und im größten Royalformat herausgekommen sind. Sie haben noch das Unterscheidende
vor den Originalkarten, daß die neuern Namen der
vornehmsten Oerter den ältern untergesetzt sind.

Die schon angezeigten d'Anvillischen Karten, und
noch zwey mehr, 1) Euphrates und Tigris, 2) India,
sind in Nürnberg durch einen Nachstich, den die Weigel-
und Schneidersche Kunst- und Buchhandlung besorgt hat,
bekannter geworden.

Die gesammte alte Geographie hat d'Anville in Geographie ancienne abregée Tom. I—III. à Paris 1768. 8.
und 1782. 12. abgehandelt. Da dieses Buch mehr das
Resultat seiner Untersuchungen, als die Untersuchungen
selbst enthält, so werden die Stellen der Alten nicht
angeführt, ja es wird selten eine Nachweisung im allgemeinen auf sie gegeben. Die angehängte Nomenclature
alphabetique enthält die alten Namen mit den ihnen
entsprechenden neuern, wovon bey dem englischen Nach-
stiche Gebrauch gemacht ist. Vielleicht würde eine Herausgabe dieses Verzeichnisses mit Anführung und Beurtheilung der Gründe, welche d'Anville zu jeder Bestimmung bewogen haben, der vielen Bücher ungeachtet, die
neulich über die alte Geographie geschrieben sind, brauchbar seyn. Es scheint mir überhaupt wegen vieler Gründe,
die ich hier nicht anführen kann, die lexikalische Bearbeitung der alten Geographie sehr anzurathen und ein
Buch über die ganze alte Geographie, dergleichen Stef-
fens index geographicus Europaeus antiqui et medii
aevi, Cellae 1768. 8. vielleicht über einen Theil ist, sehr
nützlich zu seyn.

In folgenden Büchern hat d'Anville besondere
Länder beschrieben und mit Landkarten erläutert: Eclaircissemens geographiques sur l'ancienne Gaule, 1741. 12.
Notice de l'ancienne Gaule, 1760. 4. Analyse geographique

graphique de l'Italie, 1744. 4. Memoires fur l'Egypte ancienne et moderne et defcription du Golfe Arabique ou de la Mer Rouge, 1766. 4. Antiquité geographique de l'Inde et de plufieurs autres contrées de la haute Afie, 1775. 4. L'Euphrate et le Tigre, 1779. 4. *) Etats formés en Europe après la chute de l'empire Romain, en Occident 1771. 4. Empire Turc confiderée dans fon établiſſement et dans fes accroiſſemens fucceſſifs, 1772. 8. aus dem Franzöſiſchen überſetzt von C. S. Hugo, mit Anmerkungen und ſtatiſtiſchen Zuſätzen verſehen von A. S. Büſching, Berlin 1773. In dem Verzeichniſſe der Büſchingiſchen Schriften am Ende der eigenen Lebensgeſchichte dieſes Gelehrten, S. 616, iſt durch einen ſonderbaren Druckfehler der Titel ſo angegeben: Beſchreibung des jüdiſchen Reichs. Ein für das Studium der alten Geographie wichtiges Buch iſt: Traité des Mefures itineraires anciennes et modernes Paris 1769. 8. Ich übergehe die vielen Abhandlungen, die den Memoires de l'Academie des Infcriptions et belles lettres vom 25ſten bis 41ſten Bande einverleibt ſind und ſich faſt alle auf die alte Geographie beziehen. Saxius in Onomaſtic. literar. P. VI. p. 511. zählet derſelben 36 und man kann noch die 37ſte im 41ſten Bande hinzuſetzen: Memoire fur les noms de peuples et de villes, dont le fragment du XCI livre de Tite Live trouvé dans un Manuſcrit du Vatican fait mention. **)

Die richtige Bemerkung des d'Anville, daß die alte Geographie durch die neue erläutert werden müßte, veranlaßte wol Hrn. Mentelle, beide in einem Werke zu vereinigen: Geographie comparée ou Analyſe de la
geogra-

*) Hr. Bougine in Handb. der allgem. Liter. Geſch. 3. Bd. 565. S. führet auſſer obigem noch an: Memoires fur la Mefopotamie, l'Irak. &c. 1781. 4. Dieſer Titel iſt aus Abetlungs fortgeſetztem Jbcher abgeſchrieben, jener aus Saxius. Das Buch iſt daſſelbe.

**) Hr. A. Dalrymple hat das genaueſte Verzeichniß aller d'Anvilliſchen Charten und Schriften, auf einem Quartbogen, bekannt gemacht.

geographie ancienne et moderne &c. Paris 1780. deutſch zu Winterthur, 6 Bände, 1785 — 90. Die Ueberſetzung hat Vorzüge vor dem Original.

Der Mann, welcher als erſter königlicher Geograph und Adjunct in der Societ. der Wiſſenſchaften d'Anvillen gefolgt iſt, Buache, betritt ſehr rühmlich dieſelbe Laufbahn, auf welcher ſein Vorgänger ſo viele Lorbeeren eingeerndtet hat. (ſ. Annalen der Geogr. u. Statiſt. I. B. S. 23.)

Prof. Oberlin hat bey ſeinen Orbis antiqui monumentis ſuis illuſtrati primae lineae, Argentorati 1776, wovon 1790 eine neue ſehr vermehrte Ausgabe herausgekommen iſt, die Eintheilung der Länder, Provinzen und Städte bloß nach den d'Anvilliſchen Karten gegeben, wie er ſelbſt in der Vorrede verſichert: adhibitis ſemper in ſubſidium d'Anvillianis, *alias nec velim nec ſuaſerim*, tabulis.

Da Cellarii notitia orbis antiqui in ſeiner Art ein Hauptbuch iſt, das durch alle nachfolgende nicht verdrängt werden wird, ſo iſt es nicht zu verwundern, daß es ſowohl abgekürzt als neu aufgelegt und bereichert iſt. Einen Auszug gab heraus Sam. Patrick, London 1764. mit 27 Landkarten. Dieſer Auszug iſt von den Italiänern, Franciſcus Tirolius und Joh. Bapt. Ghiſius, im J. 1774. mit einigen Verbeſſerungen wieder herausgegeben, wobey die 34 Landkarten des Cellarius in größerm Formate nachgeſtochen ſind *). Das große Werk des Cellarius iſt 1773. zu Leipzig in 2 Quartbänden wieder aufgelegt, zu denen appendix triplex notit. orbis ant. Chriſt. Cellarii, cum tab. aeneis XVIII. 1776. 4. hinzu-

---

*) Da ich die angeführten engliſchen und italiäniſchen Bücher nicht vor Augen habe, ſo habe ich mich hierin auf den Anhang zu dem 25 — 36ſten Bande der Allg. Deutſch. Biblioth. S. 1588. verlaſſen. Nach dem Urtheile des ſel. Rector Hummel im Handbuche der alten Erdbeſchreibung, I. B. I. Th. S. 22. ſind beide Auszüge bloße Abdrücke eines von Cellar ſelbſt herausgegebenen Auszuges.

hinzukam. Die hierin befindlichen Karten sind von Cellar für die mittlere Geographie entworfen, bereits zu seinen Lebzeiten in Kupfer gestochen, aber nicht abgedruckt worden. Die Erwähnung dieser Landkarten erinnert mich an die glücklichen Versuche, die Joh. Dav. Köhler in der Anleitung zu der alten und mittlern Geographie, wovon der 3te Theil, den G. A. Will, nach dem Ableben des Verfassers, Nürnberg 1765, besorgt hat, mit 2 Landkärtchen erschienen ist, für diesen noch wenig bearbeiteten Zweig der Geographie gemacht hat. Auch muß hier die von Joh. Reinh. Forster entworfene Karte von Europa im Mittelalter zur Erläuterung der historischen Schriften des Königs Alfred, in Geschichte der Entdeckungen und Schiffahrten im Norden, Frankf. an der Oder 1784, einem für die Länderkunde des Mittelalters wichtigen Buche, angeführt werden.

Ich übergehe solche Schriften, die nicht vollendet sind, dergleichen J. C. Martini Einleitung in die alte Erdbeschreibung, 1. Th. Europa, Leipz. 1766, (Von eben diesem Verf. ist auch thesaurus disfertationum, quibus historia, geographia et antiquitates illustrantur, Tomi III. Norimb. 1763—68. 8.), oder klein und unbedeutend sind, als: I. P. Erman geographiae antiquae elementa, in usum scholarum, Berol. 1777. 8. und komme auf das in Nürnberg erschienene Handbuch, von welcher Zeit an der Fleiß der Gelehrten in der alten Geographie verdoppelt zu seyn scheint, und sich von dieser an die mittlere und kirchliche Geographie vielleicht wenden wird.

Als die Weigel= und Schneibersche Kunsthandlung die 11 vorhin angeführten d'Anvillischen Karten hatte in Kupfer stechen lassen, war sie darauf bedacht, ein Handbuch dazu zu veranstalten. Weil das d'Anvillische in Deutschland wenig Beyfall gefunden hatte, so wurde verschie=

verschiedenen Gelehrten aufgetragen, ein neues zu fertigen. Herr Rector Hummel schrieb den ersten Band, oder Europa, von dem Handbuch der alten Erdbeschreibung zum Gebrauch der 11 größern d'Anvillischen Landkarten, aus den besten Quellen verfaßt, 1. Th. 1784. 2. Th. 1785. bis auf das 17, 18, 19te Kapitel, oder Griechenland, Macedonien und Thrake, welche, um die Vollendung des Werks zu beschleunigen, von dem Hrn. Kirchenrath Stroth ausgearbeitet wurden. Aus gleicher Ursache lieferte Hr. Prof. Ditmar die Beschreibung des alten Aegyptens 1784. und ich der übrigen Länder Asiens und Afrika's in dem 2ten Bande, so daß der erste Theil dieses Bandes Asien, der zweite Afrika enthält, in welchem zweiten Theile die Ditmarsche Beschreibung den Anfang macht. Diese Arbeit wurde von mir in den Jahren 1784 — 86 zu Stande gebracht. Auch wurde eine lateinische Uebersetzung des ersten Bandes des Compendium geographiae antiquae, mappis Danvillianis accommodatum et ex optimis scriptoribus concinnatum, 1785. von gedachter Buchhandlung besorgt.

Rosmann Handbuch der alten Erdbeschreibung, 1. Bändchen, oder Aegypten; Breslau, Brieg u. Leipz. 1786. und Kurzer Entwurf der alten Geographie, Leipzig bey Heinsius 1789, sind aus diesem Nürnbergischen Handbuche abgeschrieben.

Zur Erläuterung der tabula medii aevi ist das oben angezeigte Buch Etats formés en Europe &c. unter dem Titel: d'Anville Handbuch der mittlern Erdbeschreibung, oder von den europäischen Staaten, die nach dem Untergange des Römischen Reiches entstanden sind, im Verlage der gedachten Buchhandlung 1782, übersetzt.

Mannerts große Verdienste um die alte Geographie dürfen hier nur kurz berührt werden, weil im ersten Bande der geogr. Annal. S. 44. seine Schriften angezeigt sind.

sind. – Ueber die von ihm angenommenen Grundsätze hat Schlichthorst in dem Magazin für öffentl. Schulen und Schullehrer, Bremen 1790. 1. B. 1. St. Erinnerungen gemacht.

Hr. Hofr. Gatterer, der in der Vorrede zur allgem. Weltgesch. 33. Bd. an den gewöhnlichen geographischen Compendien gerügt hatte, daß man die verschiedenen Zei alter nicht genug unterschiede, fast durchgängig den Ptolemäus zum Grunde legte, und die seiner Zeit geltende Beschreibung und Eintheilung aus weit ältern Schriftstellern, auf welche sie gar nicht paßte, erläuterte, und daher den Rath gegeben, Beschreibungen der Länder aus einzelnen oder gleichzeitigen Autoren abzufassen, auch seine Idee in einer Beschreibung Thraciens nach Herodot und Thucydides im 2. 5. und 6ten Bande der Commentation. Societ. scientiar. Gotting. selbst ausgeführt hatte, bewog die philosophische Facultät zu Göttingen (s. Biblioth. der alten Literat. 4. St. 114. S.) auf die beste Schilderung der Homerischen Geographie zur Ermunterung der zu Göttingen Studirenden den von dem Könige ausgesetzten Preis für das Jahr 1787 zu ertheilen. Schoenemann erhielt den Preis, und Schlegel und Schlichthorst das erste und zweite Accessit. Die drey Abhandlungen, zusammen 51 Bogen stark, sind zu Göttingen und Hannover 1788 gedruckt. Für das J. 1788 wurden auf eben dieser Universität im Namen der philosophischen Facultät die Beschreibung Afrika's nach Herodot, vom Hofr. Heyne, und des Argonautenzugs, vom D. Rulenkamp, als Themata zum Wettstreite aufgegeben, weil durch eine besondere königliche Gnade ein doppelter Preis ausgetheilet werden konnte. Der gekrönte Sieger in dem ersten Streite war Hennicke, dessen Commentatio de geographia Africae Herodotea auf 102 S. 4. gedruckt ist; der zweite nach ihm war der schon vorher angeführte Schoenemann, den wir

aber

aber noch zum drittenmale als Sieger in dem Wettlaufe über die Argonauten aufrufen müssen. Seine Preisschrift de geographia Argonautarum ist auf 72 S. 4. gedruckt. Eine scharfe Kritik oder vielmehr Rüge der Preisfragen selbst findet man in Hofr. Voß Vorrede zu f. Ausz. und Uebersetzung von Virgil. Georg. worauf ein Heynischer Schüler geantwortet hat in Biblioth. der alten Literat. und Kunst, 7. St. 151. S.

So wie Gatterer die geographischen Kenntnisse einzelner Auctoren zu sichten und zu beurtheilen rieth, hatte schon lange vor ihm Sam. Bochart die dem Moses bekannte Welt in Phaleg et Canaan dargestellet. Der Geh. J. R. Michaelis hat Berichtigungen und Zusätze zum Bochart geliefert in Spicilegium geographiae Hebraeor. exterae post Bochartum, Goetting. P. I. 1769. P. II. 1780. und man wartet schon lange vergebens auf die Vollendung dieses für die älteste Geographie schätzbarsten Buches. Io. Reinh. Forster epistolae ad Ioann. Dav. Michaelis huius spicileg. &c. iam confirmantes iam castigantes, sind von dem, an welchen sie gerichtet waren, zu Göttingen 1772 herausgegeben.

Ein sehr schätzbarer Beytrag zu der ältern, insbesondere Homerischen Geographie ist Hofr. Voß Abhandlung über den Ocean der Alten im Göttingischen Magazin der Wissenschaften und Literatur, 1. Jahrg. 2. St. 1780. S. 297.

Bisher habe ich die Bemühungen der Gelehrten, die sich auf die ganze alte Geographie beziehen, angeführt. Der Raum verbietet mir, die Schriften, in welchen besondere Länder oder Materien aus der alten Geographie innerhalb der letzten 30 Jahre abgehandelt sind, ausführlich anzuführen. Noch weitläuftiger würde das Verzeichniß werden, wenn ich alle diejenigen, welche in historischen Werken oder nur gelegentlich, z. E. in

Aus=

Ausgaben alter Auctoren, das Gebiet der Geographie angebauet haben, anführen wollte. Die allgemeine Weltgeschichte und die daraus verfertigten Auszüge nebst einer Menge anderer Bücher würden alsdann oft zu nennen seyn. Mit wie vielem Scharfsinne hat nicht Schözer in der nordischen Geschichte der allgem. W. G. 3.1. Th. die Geographie des alten Nordens untersucht!

Der alte Zustand der Länder, deren die Bibel erwähnt, muß für den Leser und Forscher derselben stets viel Interesse behalten, und die Anhäufung der Bücher in diesem Fache ist nicht zu verwundern. Bachiene historische und geograph. Beschreib. von Palästina, aus dem Holländischen übersetzt von G. A. Maas, Cleve 1766 — 1775. ist ein weitläuftiges und über Verdienst gerühmtes Werk. Man hat neulich eine Uebersetzung der oben im 1sten Bande S. 571. angezeigten biblischen Erdkunde, die von Hamelsveld holländisch geschrieben hat, angekündiget. Da man schon Bachiene deutsch hat, so könnte man Hamelsveld entbehren. Die Karte von Palästina, nach d'Anville, die von C. J. Stumpf zu Würzburg 1788 gestochen und verlegt ist, ist mit einer Erklärung von P. Onymus versehen, worin mein Handbuch in einen Auszug gebracht ist. Prof. Bellermann hat im Handbuche der bibl. Literatur 2. Th. Erfurt 1790. die biblische Geographie abgehandelt, obgleich noch nicht geendiget. Der Titel giebt schon zu erkennen, daß nicht bloß von Palästina, sondern von allen Ländern, die in der Bibel angeführt werden, gehandelt wird. Für den Zweck, den der Verf. hatte, ist das Buch zu weitläuftig. Meinem Handbuche ist hauptsächlich gegen das Ende die Ehre widerfahren, daß es stark gebraucht ist. Frege hat ein ähnliches Buch, geographisches Handbuch bey Lesung der h. Schrift oder anderer vom gelobten Lande redender Bücher, 2 Theile, Gotha 1788. 1789. geliefert. Es ist mehr ein Wörterbuch zu nennen, und mit sehr mäßiger Sachkenntniß geschrieben.

In den Schriften der Akademieen oder Societäten der Wissenschaften sind viele die alte Geographie erläuternde Abhandlungen. Daß sie in den Memoirs der Akademie der Inschriften und schönen Wissenschaften zu Paris nicht selten sind, wird ein jeder vermuthen, und auf die vielen, welche sich von d'Anville herschreiben, ist schon oben nachgewiesen. Die Akademieen der Wissenschaften zu Mannheim und Göttingen haben vorzüglich viele Beyträge der Art in die historischen Abhandlungen aufgenommen. Andere Societäten sind nicht ganz zurückgeblieben.

Diese Gesellschaften haben auch bisweilen Preisfragen aus der alten Erdkunde aufgestellet. Dergleichen war die von der königl. preussischen in Berlin auf das Jahr 1750 vorgelegte Frage, wie weit die alten Römer in Deutschland eingedrungen, welche Pastor Sein in Hameln am besten beantwortete, s. Sammlung der Preis- und einiger andern Schriften über die Frage u. s. Berlin 1750. 4. Wie weit die Römer in ihren mit den Deutschen geführten Kriegen in Ostfranken eingedrungen sind, hat aus einigen im Hohenlohescheu 1766 gefundenen Alterthümern Hofr. Hanffelmann in zwey Schriften 1768. 1773. sehr überzeugend gewiesen.

Die Pariser Akademie der Inschriften legte 1762 die Frage vor: wie weit erstreckte sich der Anfang der Wissenschaft und Handlung unter der Regierung der Ptolemäer? Zwey Abhandlungen, wovon die eine v. Schmidt zum Verfasser hatte und in Opusc. quibus res antiquae praecipue Aegyptiacae explanantur, Carolsruh. 1765. gedruckt ist, die andere von Ameilhon war, wurden gekrönt.

Noch

Noch wichtiger war die außerordentliche Preis-
aufaabe eben dieser Akademie für das Jahr 1789, den
Strabo und Ptolemäus zu vergleichen, den Gang dieser
beiden Geographen zu beschreiben, und den Zustand anzuzeigen, worin sie die geographischen Kenntnisse gefunden, und zu welchem sie sie gebracht haben. Gossellin
war der Sieger, der noch über die Gränzen der Frage
hinausging, und in seinem schönen Werke: Geographie
des Grecs analysée, ou les systemes d'Eratosthenes,
de Strabon et de Ptolemée, comparés entre eux et
avec nos connoissances modernes, Paris 1790*), wirklich
mehr leistete, als die Akademie verlangt hatte.

Ich müßte, wenn ich meinem Gegenstande völlig
Genüge leisten könnte und wollte, die seit 1760 entdeckten oder richtiger beschriebenen Denkmäler, als In-
scriptionen, Münzen, Ruinen von Städten u. s. f. aufzählen, und die dadurch geschehene Erweiterung des
geographischen Studiums würdigen. Die Trümmern
der alten Stadt Velleja, 13 ital. Meilen von Piacenza,
welche man erst 1761 entdeckt hat, die fortgesetzten
Entdeckungen im Herkulanum und zu Pompeji, die ge-
nauern Abzeichnungen der Antiquitäten zu Athen von
Stuart, zu Pästum von Engländern und Italiänern,
die von Vito Maria Giovenazzi edirte Inscription,
worin fünf sonst unbekannte Völkerschaften vorkommen
(Della Citta di Aveia ne Vestini ed altri luoghi di
antica Memoria, Roma 1773. 4.), das von mir ge-
fundene Fragment aus dem 91sten Buche des Titus
Livius, das für die Geographie Hispaniens wichtig ist,
und in dieser Rücksicht von d'Anville erläutert wurde,
und eine Menge Gegenstände der Art würden alsdann
hier ihren Platz haben. Ich würde auch von den Reisen,
deren Zweck die alte Literatur, mithin auch alte Geographie

*) M. s. das XI. St. der geogr. statist. Annalen 1790.

graphie war, und dergleichen Chandler, Choiseul=
Gouffier, Carter, Savary, Münter u. A. gethan
haben, handeln müssen.

Als einen Versuch, Materien aus dem Gebiete
der alten Geographie nach der Sachordnung abzuhan=
deln, betrachte ich: Iungendorum marium fluviorum-
que omnis aevi molimina; auctor I er. I ac. Ober-
linus. Argentor. 1775, wovon der erste Theil die
von den Alten gezogenen Kanäle in allen drey Welt=
theilen aufrechnet, und mit dem bekannten Fleiße und
Deutlichkeit des Verf. geschrieben ist.

www.ingramcontent.com/pod-product-compliance
Lightning Source LLC
Chambersburg PA
CBHW020123170426
43199CB00009B/612